Das kleine Knigge-Quiz ²¹⁰⁰

Von leicht und lustig bis sonderbar und schwierig

Horst Hanisch

Zweite und dritte Auflage © 2020 by Horst Hanisch, Bonn

Erste Auflage © 2015 by Horst Hanisch, Bonn

Bibliografische Information der Deutschen Nationalbibliothek: Die Deutsche Nationalbibliothek verzeichnet diese Publikation in der Deutschen Nationalbibliografie; detaillierte bibliografische Daten sind im Internet über dnb.dnb.de abrufbar.

Idee und Entwurf: Horst Hanisch, Bonn

Lektorat: Alfred Hanisch, Bonn; Annelie Möskes, Bornheim

Buchsatz: Guido Lokietek, Aachen; Horst Hanisch, Bonn

Umschlag: Christian Spatz, engine-productions, Köln; Horst Hanisch, Bonn

Fotos: Umschlag: Christian Spatz, engine-productions, Köln; alle anderen Fotos und Zeichnungen: Horst Hanisch, Bonn

Herstellung und Verlag: BOD – Books on Demand, Norderstedt

ISBN: 978-3-7504-5158-2

Das kleine Knigge-Quiz 2100

Von leicht und lustig bis sonderbar und schwierig

Horst Hanisch

Einleitung

Liebe Leserin, lieber Leser, herzlich willkommen zum kleinen Knigge-Quiz für zwischendurch, in der überarbeiteten und ergänzten 3. Auflage. In neun verschiedenen Bereichen (Speisen, Getränke, Bar, Gesellschaft, Einladung, Hochzeit, Business, Outfit, Interkulturelles) sind leichte und schwierige, seriöse und lustige Fragen zum Thema Umgangsformen/Etikette gestellt.

Gehen Sie der Reihe nach oder springen Sie beliebig zwischen den Fragen hin und her.

Einige Quizfragen können als Wissensfragen bezeichnet werden, andere als tatsächliche Fragen zum zwischenmenschlichen Verhalten im Sinne der aktuellen Umgangsformen.

Einige Antworten werden Ihnen geläufig sein, andere werden eher als ‚harte Nuss' zu bezeichnen sein. Über einige Antworten werden Sie sich möglicherweise wundern, haben Sie vielleicht eine gänzlich andere Antwort in Erinnerung.

Die 247 Fragen sind wie in diesem Muster aufgebaut:

I	Mit welchem Hilfsmittel werden Zigarren angezündet?		
A	Mit einem Streichholz.	C	Mit einem Gasfeuerzeug.
B	Mit einer Kerze.	D	Mit einem Fidibus.

Suchen Sie von den vier vorgegebenen Antworten die richtige Lösung aus. Aber aufgepasst: Manchmal sind auch zwei, drei oder sogar alle vier Antwort-Vorschläge richtig. Und, es könnte auch sein, gar keine.

Ist Ihre Antwort richtig, steht beim entsprechenden Kennbuchstaben ‚Richtig'. Manchmal folgt noch eine erklärende Erläuterung. Bei nicht-richtigen Antworten gibt es hin und wieder eine Erklärung, die dann in Klammern steht.

I	
D	Richtig: Ein Fidibus ist ein längerer Holzspan, oft aus Zedernholz hergestellt.

Ab und zu wird nach einer Rang- oder Reihenfolge gefragt. Dann lautet die Antwort beispielsweise D-B-A-C.

Ich wünsche Ihnen viel Spaß und Kurzweil bei den Quiz Fragen, sowie eine Ergänzung oder Bestätigung Ihres Wissens im Bereich der Umgangsformen.

Horst Hanisch

Inhaltsverzeichnis

EINLEITUNG 4

INHALTSVERZEICHNIS 5

KNIGGE-QUIZ 7

   BEREICH GASTRONOMIE, SPEISEN 7
   BEREICH GASTRONOMIE, GETRÄNKE 23
   BEREICH BAR 33
   BEREICH GESELLSCHAFT 35
   BEREICH EINLADUNG 47
   BEREICH HOCHZEIT 53
   BEREICH BUSINESS 57
   BEREICH OUTFIT 67
   BEREICH INTERKULTURELLES 79

KNIGGE ALS SYNONYM UND ALS NAMENSGEBER 89

   UMGANG MIT MENSCHEN 89

Knigge-Quiz

Bereich Gastronomie, Speisen

1	Hier ist ein komplettes Gedeck abgebildet. Zu welchem Speisengang gehört der oben quer eingedeckte Löffel?	

A	Zur kalten Vorspeise.
B	Zur Suppe.
C	Zum Dessert.
D	Zum Entfernen von Olivenkernen oder Knochenteilen aus dem Essen.

2	Was ist eine Fingerbowle?
A	In dieser Schale werden die Finger gereinigt, bevor das Essen beginnt.
B	Mit dem Wasser in dieser Schale können Sie die Finger reinigen, wenn Sie fettige Speisen mit den Fingern berührt haben.
C	Das ist eine mit Wasser gefüllte Schale, in der Sie nach dem Ende des Menüs die Finger reinigen können.
D	Die Fingerbowle wird als Fingerfood eingesetzt. Hier ist eine kleine Portion Suppe, die direkt aus der Bowle getrunken werden kann.

3	Auf dem Restauranttisch sind wunderschöne Servietten-Figuren aufgestellt. Wie wurden diese in Form gebracht?		
A	Servietten werden gebrochen.	C	Servietten werden geformt.
B	Servietten werden gefaltet.	D	Servietten werden gebogen.

4	Welches ist der fünfte Geschmackssinn auf der Zunge?		
A	Glutamat	C	Süß-sauer
B	Scharf	D	Umami

5	Wobei taucht der Begriff ‚Skirting' in der Gastronomie auf?
A	Bedienung arbeitet in kurzärmeligen Hemden bzw. Blusen.
B	Kunstvolle Bespannung der Vorderseite des Buffettuches.
C	Namensschild auf der Kleidung der Mitarbeiter.
D	Kunstvoll geformte Servietten.

1

C Richtig: Der Dessert-Löffel liegt oben im Gedeck. Der Griff zeigt nach rechts. Das heißt, dass er mit der rechten Hand geführt wird. Der Griff der Gabel für das Dessert zeigt nach links für die linke Hand.

2

B Richtig: Wenn Sie beispielsweise ein Hummergericht genießen, können Sie sich zwischendurch die Finger in der Fingerbowle reinigen.

Bei fettigen Speisen ist warmes Wasser und eine Zitronen-scheibe in der Schale, bei anderen Speisen (zum Beispiel Obst) kaltes Wasser.

3

A Richtig: Tatsächlich werden Servietten gebrochen. Das Wort brechen kommt von Bruch. Wird ein Tischtuch zusammengelegt, entsteht eine Falte. Diese heißt in der Fachsprache Bruch.

4

D Richtig: Ein Geschmack, der als fleischig und herzhaft beschrie-ben wird.

5

B Richtig: Durch das bodenlange Tuch wird der manchmal un-schöne Blick unter und hinter den Tisch verborgen.

6	Zu Ihrem abendlichen Menü wird Ihnen auf dem Brotteller ein Brötchen serviert. Wie gehen Sie damit um?
A	Das Brötchen mit dem Brotmesser halbieren, Butter darauf geben und verzehren.
B	Mit dem Messer ein Stück des Brötchens abschneiden. Dieses, eventuell gebuttert, zum Mund führen.
C	Das Brötchen wird mit der linken Hand gehalten. Mit der rechten wird ein ‚mundgerechtes' Stückchen vom Brötchen abgebrochen. Dieses kann dann zum Mund geführt werden.
D	Das Brötchen wird mit dem Messer geviertelt, um ‚mundgerechte' Stücke zu erhalten. Diese werden dann nach und nach zum Mund geführt.

7	Auf dem Buffet-Tisch liegt ein großes tortenförmiges Stück Briekäse. Wie wird dieses aufgeschnitten?
A	Erst die Spitze, dann die mittleren Stücke scheibenweise und schließlich das Endstück, ebenso senkrecht in Scheiben schneiden.
C	Erst die Spitze, dann die Teile in der Mitte, dann das Kopfstück.
B	Parallel zu einer länglichen Außenseite.
D	Quer, an der Spitze beginnend

8	Was ist ein Kellnerbesteck?
A	Schreibstift und Blöckchen für den Ober, um Bestellungen aufzunehmen.
B	Professioneller Hebel-Korkenzieher.
C	Das ist ein spezielles Besteck, eine Art Vorlegebesteck, mit dem der Ober Speisen von der Platte auf den Teller des Gastes gibt.
D	Zusammenklappbares Set von Messer, Löffel und Gabel für den Picknickkorb.

9	Welche dieser Spezialbestecke werden beim Verzehr eines ganzen, zubereiteten Hummers benötigt?		
A	Hummerzange	C	Austerngabel
B	Hummergabel	D	Hummerlöffel

6

Richtig: Das Brot wird gebrochen. Früher war es durchaus üblich, dass Brötchen zum Frühstück auf die gleiche Art verzehrt wurden.

C Das abgebrochene Stück wird mit der linken Hand gehalten, um mit der rechten Hand und mithilfe des Brotmessers, das auf dem Brotteller liegt, Butter oder anderen Aufstrich aufzutragen. Dann wird das Messer abgelegt, das Brotstückchen in die rechte Hand gewechselt und von dort zum Mund geführt.

7

A **Richtig:** Zuerst wird ein nicht allzu großes Dreieck abgeschnitten, danach Scheiben. Beim Endstück wäre es so schwierig, weiterhin schneiden zu können, weswegen das letzte Stück um 90° gedreht und dann senkrecht geschnitten wird.

D (Eher nicht, da das immer schmaler werdende Ende beim Schneiden umfallen könnte.)

8

B **Richtig:** Das ist ein kleines, aufklappbares, handliches Gerät mit einem kleinen Messer, einem Griff, einer Spindel und einem Korkenzieher.

9

A Richtig.

B **Richtig:** Die Hummergabel hat nur zwei zarte Zinken.

D **Richtig:** Oft sind Hummerlöffel und Hummergabel ein und dasselbe Besteckteil. An einer Seite als Gabel, an der anderen Seite als Löffel ausgeformt.

10	Wie lautet die Mehrzahl von Spaghetti?		
A	Spaghettis	C	Spaghetten
B	Spaghetti	D	Spaghettini

11	Mit welchen Besteckteilen werden Spaghetti zum Mund geführt?		
A	Nur Gabel rechts.	C	Gabel links, Löffel rechts.
B	Gabel rechts, Löffel links.	D	Gabel links, Messer rechts.

12	Was bedeutet ‚Spaghetti-Träger'?
A	Noch im 19. Jahrhundert gab es in Neapel den Spaghetti-Träger. Die Teigwaren wurden produziert und über eine lange Stange gelegt. Dort hingen dann hunderte Spaghetti. Zwei Spaghetti-Träger schulterten die Stange und brachten nun die Spaghetti zu demjenigen, der die Nudeln kochte und zubereitete.
B	Spaghetti-Träger sind schmale Träger an ärmellosen Damenkleidern, Tops oder Unterkleidern.
C	Der Spaghetti-Träger ist eine dünne Metallstange, die die Länge einer Spaghetti-Nudel um wenige Zentimeter überragt. Bei der Herstellung wird der Nudelteig um den Spaghetti-Träger gerollt, damit in der Nudel das durchlaufende Loch entstehen kann.
D	Wir finden einen Spaghetti-Träger auf dem Bau. Wenn über der Auslassung eines Fensters ein längeres Betonteil eingesetzt wird, heißt dieses Spaghetti-Träger.

13	Das Spaghetti-Eis ist eine Erfindung von?		
A	Einem Norweger.	C	Einem Deutschen.
B	Einem Italiener.	D	Das ist eine Erfindung der alten Römer.

14	Die korrekte Anrede des männlichen Bedienungspersonals im Restaurant lautet:		
A	Kellner	C	Bedienung
B	Herr Oberkellner	D	Herr Ober

15	Die korrekte Anrede des weiblichen Bedienungspersonals im Restaurant lautet:		
A	Fräulein	C	Bedienung
B	Frau Oberin	D	Frau Ober

16	Welche der Gabeln hat 3 Zinken?		
A	Tranchiergabel	C	Klassische Speisengabel
B	Kuchengabel	D	Spaghetti-Gabel

10

B Richtig: ‚Spaghetti' ist bereits die Mehrzahl. Die Einzahl lautet Spaghetto. Bei Makkaroni gibt es keine Einzahlform.

11

A Richtig: Die Gabel wird mit der rechten Hand geführt. Spaghetti werden aufgerollt. Spaghetti werden in einem tiefen Teller serviert, sodass das Aufrollen leichter geschieht. Ein Löffel wird zwar mit eingedeckt, aber nicht verwendet.

12

B Richtig: Durch die ‚Zartheit' der Träger sind diese kaum sichtbar, was dem Outfit der Trägerin eine reizvolle Wirkung gibt.

13

B Richtig: Herr Dario Fontanella hat diese Zubereitungsart eines Eisbechers 1969 in Spaghetti-Art erfunden. Damit ist er Erfinder des Spaghetti-Eises. Er hat mehrere Eisbetriebe in Mannheim.

14

D Richtig: Die korrekte Anrede lautet „Herr Ober". Das betrifft jegliche Gastronomie.

15

D Richtig: Angeblich ist die Bezeichnung Ober die Abkürzung von Oberkellnerin. Das ist zwar eine Erklärung, stimmt aber fachlich nicht. Ober ist die Anrede und Oberkellnerin zeigt die Hierarchiestufe im Restaurant.

16

A (Hat 2 Zinken.)

B Richtig.

C (Hat 4 Zinken. Erst im 16. und 17. Jahrhundert wurde sie bei Hofe eingeführt, wobei die katholische Kirche anfangs keine große Begeisterung zeigte: a) Die Gabel wird mit der linken – der ‚bösen' Hand – geführt, und b) sieht sie aus wie ein Dreizack des Teufels. Deshalb auch vier Zinken für die Speisengabel, um Verwechslungen zu vermeiden.)

D (Hat 4 Zinken mit Kugeln an den Spitzen, die das Herunterrutschen der Spaghetti verhindern sollen.)

17	Die Spitze des Tortenstücks auf dem servierten Teller zeigt ...

A	... auf 6:00 Uhr (Spitze zum Gast).
B	... auf 12:00 Uhr (Spitze zur Mitte des Tisches).
C	... auf 3:00 Uhr (Spitze nach rechts).
D	... auf 4:00 bis 5:00 Uhr (Spitze nach rechts unten).

18	Wie legen Sie die Besteckteile ab, wenn Sie mit einem Speisengang fertig sind?

A

C

B

D Egal.

19	Was wird in einer Sauciere serviert?		
A	Die Sauce zum Gericht.	C	Butterstückchen.
B	Zusätzliches Gemüse.	D	Brötchen.

20	Wie heißt das Tischgestell, in dem Salz und Pfeffer aufbewahrt wird?		
A	Menage	C	Melange
B	Manege	D	Körbchen

21	Woran erkennt der Gast die Laufrichtung am Buffet? Das heißt, die Stelle am Buffet an der er beginnt sich zu bedienen.

A	Dort, wo die meisten Leute stehen.
B	Dort, wo die Teller zur jeweiligen Speise aufgebaut sind.
C	An der rechten Seite des Buffets.
D	An der linken Seite des Buffets.

22	Wer ist der Maître d'hôtel?		
A	Der Hausmeister.	C	Der Oberkellner.
B	Der Hoteldirektor.	D	Der älteste Mitarbeiter im Hotel.

17

A   Richtig: Die Torte wird von der Spitze her verzehrt.

18

C   Richtig: Gabel und Messer liegen parallel nach rechts unten. Die Zinken der Gabel zeigen nach oben, die Schneide des Messers nach links unten.

19

A   Richtig.

20

A   Richtig.

C   (Melange heißt Mischung, zum Beispiel der ‚Wiener Melange‛, ein Kaffeegetränk mit Milch.)

21

B   Richtig: Die passenden Teller zum jeweiligen Speisengang (Vorspeise, Hauptgericht, Nachtisch) werden vom Gast zu Beginn genommen und markieren damit den ‚Anfang‛ des Bufetts (vorausgesetzt, dass richtig aufgebaut wurde). Von dort aus bewegt sich der Gast am Buffet entlang.

C   Richtig: Ist das Buffet richtig aufgebaut, befinden sich die Teller rechts auf dem Buffet. Der Gast kann dann so am Buffet entlanglaufen, dass rechts von ihm die Speisen sind. Mit der linken Hand hält er seinen Teller und kann somit als Rechtshänder leicht die Speise vom Buffet auf den Teller befördern.

22

C   Richtig: Die Leitung des Restaurants, zum Beispiel der Oberkellner, wird so genannt.

23	In welche Richtung zeigt die Schneide des Brotmessers, das auf dem Brotteller im Gedeck eingedeckt ist?		
A	Nach links.	C	Nach unten.
B	Nach rechts.	D	Nach oben.

24	Werden in einem Menü neben einer Suppe eine kalte und eine warme Vorspeise serviert, dann in folgender Reihenfolge:
A	Kalte Vorspeise – Suppe – Warme Vorspeise
B	Warme Vorspeise – Suppe – Kalte Vorspeise
C	Suppe – Kalte Vorspeise – Warme Vorspeise
D	Warme Vorspeise – Kalte Vorspeise – Suppe

25	In einem eingedeckten Gedeck steht der Brotteller:		
A	Rechts im Gedeck.	C	Rechts neben den Gläsern.
B	Links im Gedeck.	D	Hinten im Gedeck.

26	Welches der folgenden Bestecke ist kein Speisenbesteck?		
A	Schuhlöffel	C	Gourmet-Löffel
B	Spaghetti-Gabel	D	Briefmesser

27	Wann wird die eingedeckte Mundserviette aus dem Gedeck genommen?
A	Gleich nach dem Platz nehmen.
B	Sobald die Bedienung darauf aufmerksam macht.
C	Kurz bevor die erste Speise serviert wird.
D	Nur wenn sie benötigt wird.

28	Wohin mit der Mundserviette, muss der Gast einmal den Tisch verlassen?
A	In die Mitte des eigenen Gedecks.
B	Auf den Tisch, links im Gedeck.
C	Auf den Tisch, rechts im Gedeck.
D	Auf die eigene Stuhlfläche.

29	Was gehört klassischerweise zum ‚Five o'clock Tea'?		
A	Scones	C	Gebäck
B	Sandwiches	D	Obst

23

A Richtig: Die Schneide eines Messers zeigt üblicherweise zur Mitte des jeweiligen Tellers und damit nach links.

24

A Richtig: Vor der Suppe wird die kalte, nach der Suppe die warme Vorspeise serviert.

25

B Richtig: Interessant wird das an einem eingedeckten runden Tisch, da ein Brotteller links und ein anderer rechts vom Gedeck zu sehen sind. Immer der linke gehört zum eigenen Gedeck – der rechte pro Teller gehört zum Nachbarn.

An der rechten Seite sind Gläser eingedeckt.

26

A Richtig.   **D** Richtig.

27

A Richtig: Die Serviette wird auseinandergeklappt und zum Schutz der Kleidung auf den (eigenen) Schoß gelegt.

28

Richtig: Der Gast reserviert sozusagen seinen Sitzplatz. Dazu klappt er die obenliegende Seite der Serviette locker nach innen.

D Legt er sie auf den Tisch bedeutet das, dass er nicht mehr wiederkommen will. Bei größeren Netzwerkveranstaltungen mit Buffet-Verpflegung kann es sein, dass der zurückkehrende Gast an seinem Platz einen anderen Gast antrifft, da das Personal bereits neu eingedeckt hat.

29

A Richtig: Scones sind süße, weiche Teebrötchen, die mit buttrig geschlagenem Rahm und Marmelade serviert werden.

B Richtig.

C Richtig: Zum Beispiel schön dekorierte Petits Fours oder kleine Tortenstücke.

30	Welches Obst ist hier abgebildet?	

A	Pitahaya	C	Rambutan
B	Salak	D	Mangostan

31	Welches Obst ist hier abgebildet?	

A	Babaco	C	Papaya
B	Karambole	D	Cherimoya

32	Welches Obst ist hier abgebildet?	

A	Longan	C	Maracuja
B	Kiwano	D	Kumquat

33	Wofür steht der Begriff Rambutan?		
A	Bewohner des Königreichs Bhutan.	C	Islamischer Fastenmonat.
B	Exotische Frucht.	D	Gasähnliches Element in Rotweinen.

34	Ordnen Sie die Löffel der Länge nach. Benennen Sie den längsten zuerst.		
A	Suppenlöffel	C	Kaffeelöffel
B	Barlöffel (Limonadenlöffel)	D	Dessertlöffel

35	Mit welchen Besteckteilen wird während eines Menüs ein Stück Torte verzehrt?		
A	Mit Löffel und Gabel.	C	Nur mit einem Löffel.
B	Nur mit einer Gabel.	D	Mit einer Gabel und einem Messer.

30

A	Richtig.		C	(Rambutan)	
B	(Salak)		D	(Mangostan)	

31

A	(Babaco)		C	(Papaya)	
B	(Karambole)		D	Richtig.	

32

A	(Longan)		C	Richtig.	
B	(Kiwano)		D	(Kumquat)	

33

B Richtig: Rambutan ist eine der Litschi ähnliche Frucht.

34

B Richtig: B – A – D – C

35

A Richtig: Der Löffel wird mit der rechten Hand, die Gabel mit der linken geführt. Mit der Dessert-Gabel wird ein Teil vom Tortenstück abgebrochen, auf den Löffel geschoben und zum Mund geführt. Bei den beiden Besteckteilen handelt es sich um sogenanntes Dessertbesteck. Es ist etwas kleiner als das Besteck für den Hauptgang. Beim Nachmittagskaffee wird (nur) eine Kuchengabel verwendet.

36	Wer (Ehepaar) betritt zuerst das Restaurant?		
A	Mann	C	Egal.
B	Frau	D	Beide gleichzeitig.

37	Welche Speise wird bei einem mehrgängigen A la Carte Menü zuerst aus der Speisenkarte ausgewählt?		
A	Vorspeise	C	Nachspeise
B	Hauptgericht	D	Suppe

38	Was ist ein ‚Amuse Gueule'?
A	Das ist ein ‚Gruß aus der Küche', der vor dem bestellten Essen serviert wird.
B	Das ist dasselbe wie ‚Amuse Bouche'.
C	Das ist ein kleines Musikstück, das in gehobener Gastronomie zwischen den Speisengängen gespielt wird (ursprünglich Live).
D	Pralinen, die nach dem Essen zum Kaffee serviert werden.

39	Was ist eine ‚Bouillabaisse'?
A	Eine französische Fischsuppe.
B	Ein anderes Wort für Bouillon.
C	Eine weibliche Küchenhilfe.
D	Die Schöpfkelle für die Suppe.

40	Darf eine gekochte Kartoffel mit dem Messer geschnitten werden?
A	Ja.
B	Nein.
C	Die gekochte Kartoffel darf nur mit einer Gabel zerteilt werden.
D	Ja, aber die Messerschneide darf nicht rosten.

41	Was ist eine Deck-Serviette?
A	Das ist ein ca. 80 × 80 cm großes Tischtuch, das über das ‚eigentliche' Tischtuch gelegt werden kann.
B	Das ist die Mund-Serviette, die auf dem Tisch zu Beginn des Essens eingedeckt ist.
C	Das ist die Serviette, die über einen Weinkühler gelegt wird.
D	Das ist die Serviette, die das Bedienungspersonal mit sich trägt.

42	Welches Messer hat keine scharfe Klinge?		
A	Obstmesser	C	Fischmesser
B	Käsemesser	D	Brotmesser

36

A Richtig: Der Mann ‚checkt' sozusagen die Gegebenheiten. Gleichzeitig gibt er sich dem Personal gegenüber als Gastgeber aus. Der Gastgeber ist der, der reserviert hat und üblicherweise bezahlt, sofern keine andere Regelung vereinbart ist.

Auch dann, wenn ein Grüppchen Gäste das Restaurant betritt, geht der Gastgeber vor. Er übernimmt die Rolle des Ansprechpartners.

37

B Richtig: Nach der Entscheidung, welches Gericht als Hauptgericht gewählt ist, richten sich die Vorspeisen. Die Nachspeise wird heutzutage oft erst nach Verzehr des Hauptganges gewählt.

38

A Richtig: Der Begriff kommt aus dem Französischen und bedeutet so viel wie ‚Freude für den Gaumen'. Allerdings gilt ‚gueule' auch als Schimpfwort (Maul, Schnauze), weshalb heutzutage eher ‚Amuse Bouche' verwendet wird.

B Richtig: Wird oft als ‚Appetithappen' übersetzt.

39

A Richtig: Ursprünglich aus Marseille. Zur Suppe gehören einheimische Speisefische und Gemüse.

40

A Richtig: Früher war das nicht üblich. Die Kartoffel wurde mit der Gabel zerkleinert, sodass sie möglichst viel Sauce aufnehmen konnte.

C (Früher war das so üblich.)

41

A Richtig: Auch als Napperon bezeichnet. In der Gastronomie eingesetzt, um das Tischtuch zu schützen oder um Flecken auf dem Tischtuch zu kaschieren.

42

C Richtig: das Fischmesser wird eingesetzt bei zubereiteten Fischen, die nur ‚zerteilt', nicht ‚geschnitten' werden müssen.

43	Ordnen Sie folgende Eier nach ihrer Größe. Das größte Ei zuerst benennen.		
A	Wachtelei	**C**	Hühnerei
B	Entenei	**D**	Straußenei

44	Im Restaurant wird ein Ehepaar vom Oberkellner empfangen. Dieser bringt sie zum reservierten Tisch. In welcher Reihenfolge gehen die drei Personen?
A	Zuerst Oberkellner, dann der Herr, dann die Dame.
B	Zuerst der Oberkellner, dann die Dame, dann der Herr.
C	Zuerst die Dame, dann der Herr, dann der Oberkellner.
D	Zuerst der Herr, dann die Dame, dann der Oberkellner.

45	Eine Speisentafel wird eingedeckt. Wann wird die Blumendekoration auf den Tisch gestellt?
A	Ganz am Anfang, sobald das Tischtuch aufgelegt ist.
B	Ganz am Ende, nachdem alle anderen Teile eingedeckt sind.
C	Bevor die Gläser eingedeckt werden, damit diese beim Einsetzen der Blumendekoration nicht umfallen.
D	Sobald alle Bestecke und Gläser eingedeckt wurden, jedoch vor dem Einsetzen der Mundservietten.

46	Wohin wird nach dem Essen die benutzte Mundserviette abgelegt?
A	In die Mitte des Gedecks.
B	Links an die Seite des Gedecks.
C	Rechts an die Seite des Gedecks.
D	Egal.

47	Was bedeutet im Restaurant die Bezeichnung ‚Katzentisch'?
A	Das ist der Tisch, der ganz am Ende hinten im Restaurant steht.
B	Das ist der Tisch, der ganz vorn, zuallererst im Restaurant steht.
C	Katzentisch ist ein Tisch, an dem Gäste ungern Platz nehmen.
D	Das ist ein Bereich im Restaurant, an dem eine Wasserschale für mitgebrachte Haustiere abgestellt ist.

48	Welche Angaben stimmen beim Verzehr von Spargel?
A	Darf mit den Fingern zum Mund geführt werden.
B	Wird mit dem Spargelkopf zuerst zum Mund geführt.
C	Der Spargelkopf wird zuletzt gegessen.
D	Spargel darf nicht geschnitten werden.

43

D Richtig: D – B – C – A. In ein Straußenei passt ungefähr die Menge von 24 Hühnereiern. Das Entenei ist etwas größer als das Hühnerei. Ca. sechs Wachteleier ergeben den Inhalt eines Hühnereis.

44

B Richtig: Da der Oberkellner den reservierten Tisch kennt, geht er voran. Die Dame geht dann sozusagen geschützt vor dem Herrn.

45

B Richtig: Vor dem Eindecken muss genau überlegt werden, wo die Blumendekoration aufgestellt wird. Gegebenenfalls wird an diese Stelle vorher ein Platzhalter gelegt (ein Stück Papier oder eine Serviette).

Wird die Blumendekoration zu Beginn aufgestellt und muss später verschoben werden, können sich unschöne Abdrücke auf dem Tischtuch ergeben.

46

A Richtig: Dazu muss vorher natürlich der Teller abgeräumt sein. Auch eine benutzte Papierserviette gehört nicht auf den leeren Teller am Ende des Essens.

47

C Richtig: Katzentische befinden sich üblicherweise direkt in der Nähe zur Küche oder neben einer Toilettentür. Gäste möchten dort nur ungern Platz nehmen, weil mit viel Unruhe, Lärm oder Geruchsbelästigung zu rechnen ist.

48

A Richtig: Das ist zwar richtig, wird aber in der Gastronomie so gut wie nicht mehr umgesetzt.

B Richtig: Das ist richtig. Hier zählt der Spruch „das Gute kommt zuletzt" nicht.

D (Das war früher so üblich. Heutzutage wird Spargel auch geschnitten.)

Bereich Gastronomie, Getränke

1	Wie wird der Fachmann in der Weinproduktion bezeichnet?		
A	Önologe	C	Ökonom
B	Ökologe	D	Onkologe

2	Wie wird die Methode genannt, die – vor allem bei Rotwein – durch Sauerstoffzufuhr geschmackliche Vorteile bringen soll?		
A	Deklamieren	C	Deklinieren
B	Dekantieren	D	Derangieren

3	Wie heißt der Gott des Weines?		
A	Dionysos	C	Bacchus
B	Cäsar	D	Alexander

4	Werden in einem Menü drei Weine (Weißwein, Rotwein, Roséwein) serviert, dann in folgender Reihenfolge:
A	Rosé Wein – Weißwein – Rotwein
B	Weißwein – Roséwein – Rotwein
C	Weißwein – Rotwein – Roséwein
D	Roséwein – Rotwein – Weißwein

5	Was bedeutet das Wort ‚Korkenbrand‘?
A	Ein Schimmelpilz, der den Korken frisst und damit den Wein verdirbt.
B	Ein Aufdruck auf dem Flaschenkorken.
C	Das ist ein besonderer Cognac, der 12 Jahre im Fass reift.
D	Anderes Wort für ‚Kater‘, wenn nach dem Weinverzehr am nächsten Morgen Kopfschmerzen quälen.

6	Edelfäule an Weintrauben entsteht …
A	… durch einen Edelschimmelpilz, der die Weintraube nach und nach vernichtet. Dadurch hoher Verlust für den Winzer.
B	… durch einen Edelschimmelpilz, der die Weintraube durchlöchert und die Beere eintrocknen lässt. Dadurch ergibt sich eine hohe Qualität des Weines.
C	… wenn der Winzer nach der Lese der Weintrauben am Abend hundemüde und ‚faul‘ ins Bett fällt.
D	… wenn edle Branntweine, aufgrund eines Schimmelpilzes, im Fass verderben.

1

A Richtig: Die Önologie befasst sich mit dem Wissen der Weinproduktion.

2

B Richtig: Das kommt vom französischen Wort ‚décanter', was umfüllen bzw. abgießen bedeutet. Üblicherweise wird alter (meist Rot-)Wein vorsichtig aus der Flasche in eine bauchige Glaskaraffe umgefüllt.

Bei diesem Vorgang kommt der Wein mit Luft in Berührung und kann somit sein Bukett noch schneller voll entwickeln.

Beim Dekantieren kann etwaiges Depot (Farbstoffe und Gerbstoffe), das sich am Flaschenboden gebildet hat, vom Wein getrennt werden.

3

A Richtig: Gott des Weines in der griechischen Mythologie.

C Richtig: Römischer Gott des Weins.

4

B Richtig: Begonnen wird mit dem kühlen Weißwein über den Roséwein zum Rotwein. In anderer Reihenfolge würden die Weine nicht mehr optimal munden.

Bei einem umfangreichen Menü mit mehreren Weinen hintereinander könnte mit einem Glas Champagner die Getränkefolge abgeschlossen werden.

5

B Richtig: Die aufgedruckten Angaben sollen mit denen auf dem Flaschenetikett übereinstimmen.

6

B Richtig: Wird auch Edelreife genannt.

7	Wilhelm Busch wird folgendes Zitat zugeordnet:
A	„Auf einem Bein lässt es sich nicht stehen."
B	„Wer nicht liebt Wein, Weib und Gesang, der bleibt ein Thor sein Leben lang."
C	„Trink, trink, Brüderlein trink."
D	„Rotwein ist für alte Knaben eine von den besten Gaben."

8	Der Glaskorken trägt die Fachbezeichnung:		
A	Glas-Zapfen	C	Vinolok (Vino-Lok)
B	Verro-Vino	D	Wein-Pfropfen

9	Wie ist die richtige Reihenfolge beim Probeschluck?
A	Einen kleinen Schluck zu sich nehmen.
B	Am Wein riechen.
C	Wein leicht im Glas schwenken, um zu sehen, ob sich sogenannte Weinnasen bilden.
D	Weinglas zwischen Augen und Kerzenlicht anheben und den Inhalt betrachten.

10	Wie wird eine Getränkeflasche beim Einschenken gehalten?
A	Hand an der Rückseite der Flasche, sodass das Etikett für den Gast sichtbar ist.
B	Mit der Hand das Etikett der Flasche verdecken.
C	Die Flasche ganz unten am Flaschenboden greifen.
D	Die Flasche ganz oben am Flaschenhals greifen.

11	Was bedeutet, dass ein Weinglas ‚viniert' ist?
A	Ein Glas ist dann viniert, wenn es eine Standardgröße von 0,2 l abbildet.
B	Vor der Benutzung wird es einmal mit ein paar Tropfen Wein ausgeschwenkt.
C	Weingläser, die von der italienischen Glas-Insel Murano stammen, heißen viniert.
D	Ein Weinglas, das erstmalig eingesetzt wird, wird so bezeichnet.

12	Wie wird ein Weinglas in der Hand gehalten?
A	Mit allen Fingern am Kelch.
B	Mit Daumen und zwei Fingern unten am Fuß.
C	Mit Daumen und Zeigefinger am Stiel.
D	So, dass der Kelch in der geöffneten Hand aufliegt, der Stiel zeigt zwischen Mittel und Ringfinger nach unten.

7

D Richtig: Heinrich Christian Wilhelm Busch, deutscher Zeichner und Dichter, 1832 – 1908.

8

C Richtig: Das ist eine Erfindung aus Deutschland, 2005. Wird manchmal bei Weißwein eingesetzt.

9

A D – C – B – A. In der Regel übernimmt der Gastgeber die Aufgabe des Probeschlucks. In ,edlen' Restaurants kann diese Aufgabe auch dem Ober bzw. dem Weinkellner übertragen werden.

10

A Richtig: Der Gast kann das Etikett sehen.

11

B Richtig: Das Ausschwenken eines Weinglases, um mögliche Reinigungsmittelreste von der Glasinnenseite zu lösen, die den Eigengeschmack des Weines beeinträchtigen können.

12

C Richtig: Der Gast greift das Glas am oberen Bereich des Stiels. So lässt sich das Glas gut halten.

13	Was sind Weinnasen?
A	Menschen, die viel Wein trinken, werden als Weinnasen bezeichnet.
B	Weinnasen bilden sich beim Schwenken des Weinglases an der Innenseite des Kelches.
C	Die schmalste Stelle oben an der Weinflasche wird Weinnase genannt.
D	Wird der schlechte Geruch bei einer neu geöffneten Weinflasche wahrgenommen, dreht der Mensch stirnrunzelnd den Kopf und damit die Nase zur Seite. Dieser Vorgang wird Weinnase genannt.

14	Was ist ein Aperitif?
A	Das appetitanregende Getränk vor dem Essen.
B	Das alkoholische Getränk nach dem Essen.
C	Der zuerst servierte Wein.
D	Aperitif ist die Mehrzahl von Aperol.

15	Was ist ein Digestif?
A	Das Kaffeegetränk nach dem Essen.
B	Das alkoholische Getränk nach dem Essen, meist zum Kaffee serviert.
C	Das appetitanregende Getränk vor dem Essen.
D	Ein Jahrgangs-Champagner.

16	Wann darf Mineralwasser während eines Menüs serviert werden?		
A	Nur zum Hauptgang.	C	Nach der Suppe.
B	Nur zur Vorspeise.	D	Während des gesamten Menüs.

17	Welches Kaffeegetränk wird in der Regel nicht nach dem Essen getrunken?		
A	Espresso	C	Mocca
B	Cappuccino	D	Doppelter Espresso

18	In welche Richtung zeigt der Griff der Kaffeetasse, wenn diese vor den Gast gestellt wird?
A	Genau nach rechts (3:00 Uhr).
B	Genau nach links (9:00 Uhr).
C	Nach rechts unten (4:00 Uhr).
D	Egal.

13

B Richtig: Weinnasen gelten als Qualitätsmerkmal, besonders bei älteren Rotweinen.

14

A Richtig: Außerdem überbrückt der Aperitif die Zeit bis zum ersten (Wein-)Getränk. Diese Getränke können auf einer Barkarte unter der Überschrift Before-Dinner-Drink zu finden sein.

15

B Richtig: Ein Getränk, das in einer Menge von 2 cl oder 4 cl ausgeschenkt wird, zum Beispiel ein Cognac, Grappa oder Likör.

16

D Richtig: Mineralwasser darf sofort nach der Bestellung eingeschenkt und getrunken werden. Mineralwasser begleitet die komplette Menüfolge bis nach dem Hauptgang.

17

B Richtig: Wegen der verwendeten Milch ist das Getränk nach einem Essen zu fett.

18

C Richtig: So kann der Gast am besten die Tasse greifen.

19	Sie sitzen in einem Wiener Kaffeehaus bei einer Tasse Kaffee. Mit dem Kaffee erhalten Sie ein kleines Glas Wasser. Dieses Glas wird hin und wieder unaufgefordert ausgetauscht. Was bedeutet das?
A	Der Gast kann mit einem Schluck Wasser die Mundhöhle reinigen, bevor er den Kaffee trinkt.
B	Das Wasser dient dazu, den Kaffee gegebenenfalls zu verdünnen.
C	Durch dieses Verhalten wird dem Gast gezeigt, dass er willkommen ist.
D	Immer wenn das Glas ausgetauscht wird, wird erwartet, dass der Gast eine neue Bestellung aufgibt.

20	Befindet sich ein Logo auf einem Getränkeglas, zeigt das Logo beim Trinken in welche Richtung?
A	In die eigene Richtung.
B	Weg von sich selbst, zu der gegenübersitzenden Person.
C	In die Richtung, in der der Tischpartner sitzt.
D	Egal.

21	Wofür steht in der Gastronomie der Begriff Hebamme?
A	Erste-Hilfe-Koffer im Restaurant.
B	Gerät, um abgebrochene Korken aus der Weinflasche zu ziehen.
C	Weinkühler auf hohem Fuß, der an die Seite des Tisches gestellt werden kann.
D	Commis (junger, lernender Kellner) im Restaurant, der Speisen aus der Küche ins Restaurant bringt.

22	Das Getränk Trinkschokolade stammt ursprünglich aus welchem Land?		
A	Frankreich	C	Russland
B	Schweden	D	Mexiko

23	In Ihrem Gedeck stehen mehrere Gläser. Welches davon ist für den Rotwein vorgesehen?
A	Egal.
B	Das Glas, das Ihnen am nächsten steht.
C	Das Glas mit dem kleinsten Kelch.
D	Das Glas mit dem größten Kelch.

24	Welche dieser Biersorten kommen aus Irland?		
A	Stout	C	Kilkenny
B	Guiness	D	Alt-Bier

19

C Richtig: Der Gast kann so lange bei einer Tasse Kaffee sitzen bleiben wie er möchte (auch ohne Anderes zu verzehren).

Nach einer gewissen Zeit wird das Glas Wasser gegen ein neues ausgetauscht, egal, ob der Gast vom Wasser getrunken hat.

20

A Richtig: Das Logo oder das (manchmal edle) Monogramm zeigt direkt auf 6:00 Uhr zum Gast.

Damit sind die Gläser aller Gäste gleichartig ausgerichtet.

21

B Richtig: Bricht der Korken beim Herausziehen ab, lassen sich mithilfe der Fangarme der Hebamme, eines Greifgerätes, Korkenreste problemlos aus der Flasche ziehen.

22

D Richtig: Das Wort Schokolade ist zurückzuführen auf den aztekischen Begriff Xocoatl, was frei übersetzt etwa ‚bitteres Getränk' bedeutet.

23

D Richtig: Sind mehrere Gläser eingedeckt, steht das Rotweinglas meist hinter den anderen. Es hat den größten Kelch.

24

A	Richtig.	C	Richtig.
B	Richtig.	D	(Dieses Bier kommt aus Düsseldorf.)

25	Welche Menge passt in eine Champagnerflasche mit der Bezeichnung Nebukadnezar?		
A	15 Liter	C	6 Liter
B	1,5 Liter	D	100 Liter

26	Wird beim Sekt von einer Flasche namens Piccolo geredet, bedeutet das eine Menge von ...		
A	0,1 Liter	C	0,25 Liter
B	0,2 Liter	D	0,5 Liter

27	In welchem Land wird Champagner hergestellt?		
A	Deutschland	C	Italien
B	Frankreich	D	Belgien

28	Was ist eine Champagner-Flöte?
A	Das ist ein Champagnerglas mit ganz spitzem Kelch in V-Form.
B	Das ist eine ganz dünne Quer-Flöte im Orchester.
C	Das ist ein Stäbchen, mit dem Sauerstoff aus dem Champagnerglas gerührt werden kann.
D	Das ist der Spitzname für den jüngsten Kellner im Hotel Restaurant.

29	Wer ist ein ‚Sommelier‘?
A	Der Barmann in der Hotelbar.
B	Der Aushilfskellner im Biergarten, der nur im Sommer arbeitet.
C	Der Kassierer im Selbstbedienung-Restaurant.
D	Der Weinkellner im Restaurant.

30	Was macht den besonderen Kaffee ‚Kopi Luwak‘ aus?
A	Er stammt aus Indonesien.
B	Jede einzelne rohe Kaffeebohne wurde vorab von einer Katze, einer Schleichkatze, mit der Nahrung aufgenommen.
C	Er wird mithilfe einer Zimtstange umgerührt.
D	Ein Kilogramm des Kaffees kostet eine 3-stellige Eurozahl.

31	Was ist ein Kaffeeschnüffler?
A	Kaffeeröster, der die Qualität bei der Herstellung riecht.
B	Käfer, der angebaute Kaffeeplantagen befällt.
C	Tülle an der Kaffeekanne.
D	Beauftragte Person, die nach Menschen ‚schnüffeln‘ sollen, die verbotenerweise Kaffee genießen.

25

A	Richtig: Das entspricht der Menge von 20 Standardflaschen (0,75 Liter).
B	(Hierbei handelt es sich um eine Magnumflasche mit 1,5 Liter.)
C	(Hierbei handelt es sich um eine Flasche namens Methusalem.)
D	(Diese Flaschengröße ist bei Champagner nicht üblich und wäre auch nicht mehr zu handhaben.)

26

B	Richtig: In der Fachsprache wird diese Flaschengröße als Quart bezeichnet. Demi heißt ‚halb' und bedeutet 0,375 l, die Hälfte einer Standardflasche, auch Imperial genannt, fasst 0,75 l.

27

B	Richtig: Das Getränk, das sich Champagner nennen darf, wird ausschließlich im französischen Weinanbaugebiet der Champagne hergestellt. In Italien gilt die Bezeichnung Spumante.

28

A	Richtig.
C	(Für diesen Vorgang wird ein spezieller Champagner-Löffel verwendet. Er ähnelt einem längeren Stäbchen und ist manchmal sogar aus Glas hergestellt.)

29

D	Richtig: Das ist der geschulte Weinkenner, der vor allem für die Weinempfehlung und den Getränkeservice zuständig ist. Die weibliche Form lautet Sommelière.

30

A	Richtig.
B	Richtig: Im Magen wird die Bohne fermentiert und später unverdaut wieder ausgeschieden. Während des Verdauungsprozesses werden der Bohne Bitterstoffe entzogen, wodurch der Kaffee seinen einzigartigen Geschmack erhält.
C	Richtig.
D	Richtig.

31

D	Richtig: Friedrich der Große (1712 – 1786) sprach ein Kaffeeverbot aus und schickte deswegen Schnüffler (Kaffeeschnüffler oder Kaffeeriecher) durchs Land, die herausfinden sollten, wer verbotenerweise dieses köstliche Getränk zu sich nahm.

Bereich Bar

1	Wird das Wort Whiskey mit ‚ey' geschrieben, dann wissen Sie, dass der Whiskey aus folgendem Land kommt:		
A	Irland	**C**	Schottland
B	USA	**D**	Kanada

2	Wenn Sie an der Bar ein Getränk „on the rocks" bestellen, wird das Getränk wie serviert?
A	In einem Glas, das vorher aus dem Eisfach genommen wurde.
B	Mit Eiswürfeln.
C	Eiskalt.
D	Mit einem Schuss Wasser.

3	Wie halten Sie ein Cognacglas richtig in der Hand?
A	Das Cognacglas wird vorsichtig am Fuß mit Daumen und Zeigefinger genommen.
B	Der Kelch wird mit der kompletten Hand umfasst.
C	Der Kelch des Cognacglases wird zwischen Ring- und Mittelfinger mit nach oben geöffneter Hand in der Handinnenfläche gehalten.
D	Vorsichtig mit Daumen und Zeigefinger den kurzen Stiel des Cognacglases greifen.

4	Welche dieser Zutaten sind in dem Getränk ‚Whisky Sour'?		
A	Zitronensaft	**C**	Zitronenachtel
B	Zuckersirup	**D**	Whisky

5	Ihnen wird an der Bar neben Ihrem Getränk eine Schale mit Erdnüssen serviert. Wie bedienen Sie sich?
A	Alle Nüsse werden aus dem Schälchen direkt in den Mund geschüttet.
B	Mit Daumen und Zeigefinger der rechten Hand werden die Nüsse nach und nach aus der Schale gepickt und zum Mund geführt.
C	Mit dem (hoffentlich dabeiliegenden) kleinen Löffel werden die Nüsse aus der Schale genommen, in die Hand gegeben und dann zum Mund geführt.
D	Einige Nüsse werden in die linke Handfläche gegeben und zum Mund geführt.

1
A   Richtig: Irischer Whiskey wird mit ‚ey' geschrieben. Die Whiskys aus anderen Ländern üblicherweise ohne dass ‚e'.

2
B   Richtig: Oft bei Whisky-Getränken. ‚Plain' bedeutet in diesem Zusammenhang ‚ohne Eiswürfel'.

3
C   Richtig: Die Wärme der Handfläche geht in das Getränk über. Damit schmeckt der Cognac noch aromatischer.

4
A   Richtig.
B   Richtig.
C   Richtig: (Ein Zitronenachtel oder eine Zitronenscheibe gehören nicht zum Whisky Sour. Manche Bartender [Barfrau, Barmann] verzieren das Getränk mit einem optisch schönen Zuckerrand. Der Whisky Sour wird dann mit einem Trinkhalm getrunken. Viele Kenner verzichten auf den Zuckerrand.)
D   Richtig.

5
C   Richtig: Da sich gegebenenfalls andere Gäste aus derselben Schale bedienen, wird aus hygienischen Gründen mit einem Löffelchen verfahren.
D   (Das ist denkbar, wenn kein Löffelchen dabeiliegt)

Bereich Gesellschaft

1	Der Laudator hält eine Lobrede. Wie heißt der Gelobte?		
A	… Laureat	**C**	… Laudatee
B	… Laudee	**D**	… Laudarant

2	Was wird als ‚Schwiegermuttersessel' bezeichnet?
A	Ein besonders schöner Sessel, der Ehrengästen vorbehalten ist.
B	Ein Sessel mit sehr hoher Rückenlehne und bequemen Armlehnen.
C	Der Schwiegermuttersessel ist immer der Stuhl, der direkt neben dem Gastgeber steht.
D	Das ist eine Bezeichnung für einen Kaktus.

3	Wo sitzt das Paar bei der Fahrt in einem Taxi?
A	Dame: hinten rechts. Herr: hinten links.
B	Herr vorn neben Fahrer, Dame: hinten egal.
C	Dame: vorn neben Fahrer, Herr: hinten egal.
D	Dame: hinten links. Herr: hinten rechts.

4	Welche der folgenden Themen gelten beim Smalltalk als Tabu-Themen?		
A	Krankheit	**C**	Religiöse Themen
B	Gehalt	**D**	Urlaub

5	Welche der folgenden Themen passen gut beim Smalltalk?
A	Räumlichkeit, in der Sie sich befinden.
B	Zu erwartender Anlass.
C	Familienverhältnisse des Gastgebers.
D	Krankheit

6	Welche der folgenden Gründe sind korrekt, um eine Zeit des Smalltalks vor einer Veranstaltung einzuplanen?
A	Der Gast kann sich akklimatisieren.
B	Der Gast kann netzwerken.
C	Der Gast kann mit einem anderen Gast wichtige geschäftliche Themen besprechen.
D	Der Gast hat die Möglichkeit, bei Bedarf die Waschräume aufzusuchen.

1

A Richtig: Kommt aus dem Lateinischen und heißt Lorbeerkranz-
träger.

2

D Richtig: Ein großer kugelförmiger oder leicht ovalförmiger Kak-
tus, der bis zu 130 cm hoch werden kann. Allerdings mit vielen
spitzen Dornen. Trotz des unglücklichen Namens ist er der Kak-
tus des Jahres 2008.

3

D Richtig: Der Herr öffnet beim
Vorfahren des Taxis die rechte
hintere Tür. Die Dame steigt
ein und rutscht hinter den Fah-
rersitz durch. Der Herr nimmt
hinten rechts Platz. Von dort
kann er am besten mit dem
Chauffeur kommunizieren.

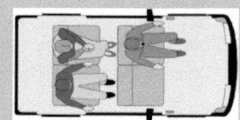

4

A Richtig.   **B** Richtig.

C Richtig: Ausnahme, ein religiöses Großereignis findet gerade
statt. Zum Beispiel Papstbesuch, Kirchentag oder andere.

5

A Richtig.   **B** Richtig.

C (Private Themen gehören in unserer Kultur nicht zum berufli-
chen Smalltalk.)

6

A Richtig: Damit ist gemeint, dass er sich den möglichen Tempe-
raturunterschieden zwischen draußen und drinnen anpassen
kann.

B Richtig: Bei Netzwerkveranstaltungen ist das Netzwerken in der
Regel der Grund des Treffens.

C (Sogar falsch, da es sich hier nicht mehr um einen Smalltalk
sondern um einen Bigtalk handelt).

D Richtig.

7	Will ein Gast die Toilettenräume aufsuchen, fragt er:
A	„Wo kann ich mir hier die Hände waschen?"
B	„Wo sind die Toiletten?"
C	„Wo kann ich mir die Nase pudern?"
D	„Wo kann ich mal für kleine Königstiger?"

8	Ein Ehepaar nähert sich einer geschlossenen Tür auf einem Flur. Wie geht das Paar richtig vor?
A	Der Herr öffnet die Tür und lässt die Dame vorgehen.
B	Der Herr öffnet die Tür, geht vor, die Dame folgt.
C	Der Herr öffnet die Tür und beide gehen gleichzeitig durch die Tür.
D	Die Person, die zuerst an der Tür ankommt, öffnet diese.

9	Sie laden Ihren Geschäftspartner zum Essen ein und wollen dessen Ihnen unbekannte/n Partner/in mit einladen. Wie formulieren Sie die Einladung?
A	„... lade ich Sie und Ihre Gattin ein."
B	„... lade ich Sie mit Partner ein."
C	„... lade ich Sie und Ihre Begleitung ein."
D	„... lade ich Sie ein. Eine Begleitperson ist ebenso herzlich willkommen."

10	Begegnen sich zwei Personen in einem Treppenhaus, gehen sie wie aneinander vorbei?
A	Wie beim Rechtsverkehr.
B	Wie beim Linksverkehr.
C	Der nach oben Gehende geht immer an der rechten Seite.
D	Die ältere Person geht rechts an der anderen vorbei.

11	Der Herr lässt die Dame vorgehen uns sagt „Ladies First". Ist das korrekt?
A	Ja, denn die Frau ist im Vergleich zum Mann ranghöher. Das wird durch diese Formulierung ausgedrückt.
B	Ja, diese Formulierung zeigt die Hochachtung vor Frauen.
C	Ja, denn ohne diese Formulierung wüsste die Frau gar nicht, dass sie vorgehen soll.
D	Nein, denn durch diesen Kommentar ‚diskriminiert' er die Frau aufgrund ihres Geschlechts.

7

A Richtig.

8

A Richtig: Der Ranghöhere wird vorgelassen. Das gilt auch bei zwei Damen oder zwei Herren.

9

A (Der Begriff Gattin gilt als veraltet. Außerdem ist nicht klar, ob ihr Geschäftspartner verheiratet ist.)

B (Nicht optimal, da nicht sicher ist, ob Ihr Geschäftspartner einen Partner hat.)

C (Das ist zwar schon besser, aber immer noch nicht gut. Es ist nicht sicher, ob Ihr Geschäftspartner eine Begleitperson mitbringen kann.)

D Richtig: Das lässt Ihrem Geschäftspartner die Möglichkeit alleine zu kommen oder mit einer zweiten Person. Die zweite Person muss nicht zwangsläufig im partnerschaftlichen Verhältnis zu ihm stehen.

10

A Richtig: Das gilt in Kulturen mit Rechtsverkehr.

11

D Richtig: Für Manche mag diese Antwort überraschend sein.

Spätestens mit Einführung des Allgemeinen Gleichbehandlungsgesetzes (AGG) wird die Angesprochene aufgrund ihres Geschlechtes anders behandelt.

Das kann als Diskriminierung gedeutet werden. Besser wäre zu sagen: „Bitte nach Ihnen."

12	Weshalb reichen sich Menschen zur Begrüßung die Hände nicht über Kreuz?
A	Hände dürfen über Kreuz gereicht werden.
B	Das Über-Kreuz-Reichen symbolisiert das Kreuz des Südens (ein Sternbild), das von Freimaurern eingesetzt wird.
C	Weil sie sich dabei verletzen könnten.
D	Aus Gründen des Aberglaubens.

13	Wenn Sie jemanden begrüßen, dann …
A	… darf eine Hand in der Hosentasche bleiben.
B	… dürfen beide Hände in der Hosentasche bleiben.
C	… darf nur die linke Hand in der Hosentasche bleiben.
D	… darf keine Hand in der Hosentasche bleiben.

14	In welcher Reihenfolge wird mit Handschlag begrüßt?
A	Alte Frau – junge Frau – alter Mann – junger Mann
B	Alte Frau – sehr alter Mann – sehr junge Frau – junger Mann
C	Junge Frau – alte Frau – junger Mann – alter Mann
D	Alte Frau – junge Frau – junger Mann – alter Mann

15	Freund und Freundin stehen nebeneinander. Wer steht wo?
A	Freund steht links der Freundin.
B	Freundin steht links des Freundes.
C	Egal, wer wo steht.
D	Die ältere der beiden Personen steht links.

16	Ihr Gast mit dem Namen Ritterburg trägt den Titel ‚Graf'. Wie wird er korrekt vorgestellt?
A	Ferdinand Graf Ritterburg
B	Graf Ferdinand Ritterburg
C	Ferdinand Ritterburg, Graf
D	Ferdinand Ritterburg

17	Wer kann wem das ‚Du' anbieten?
A	Die Dame dem Herrn.
B	Der Herr der Dame.
C	Die ältere Person der jüngeren Person.
D	Die jüngere Person der älteren Person.

12

D Richtig: Überkreuzte Arme lassen mit Fantasie ein Kreuz erkennen. Das bedeutet im Aberglauben, dass jetzt jemand sterben muss.

Unabhängig davon vermeiden einige Menschen während und nach der Corona-Pandemie aus Hygienegründen den direkten Händedruck.

Es wird sich beispielsweise durch das gegenseitige Berühren der Ellbogen, der Unterarme oder der Unterschenkel begrüßt oder aber nur aus kurzer Distanz zugewinkt, die rechte Hand ans Herz gelegt oder beide Hände wie in Indien zusammengefügt und eine leichte Verbeugung angedeutet.

13

D Richtig: Das wirkt sonst leicht überheblich und unhöflich.

14

A Richtig.

B Richtig: Der Altersunterschied zwischen dem sehr alten Mann und der sehr jungen Frau sollte deutlich sein. Zum Beispiel ist der Mann 80 Jahre und die Frau 18 Jahre alt.

15

A Richtig: Die ranghöhere Person steht rechts. Bei Freund und Freundin gilt die Freundin als ranghöher.

16

A Richtig: Nach Ende des Ersten Weltkrieges wurde in Deutschland der Grafentitel zum Bestandteil des Nachnamens. Deshalb lautet der Nachname: Graf Ritterburg.

17

C Richtig: Sofern die ältere Person kein Mitarbeiter der jüngeren Person ist.

18	Wird jemandem Beileid ausgesprochen, dann wird ...		
A	... kollidiert	**C**	... kondoliert
B	... kontrolliert	**D**	... kooperiert

19	Welcher Text kann auf einer Kranzschleife im Trauerfall stehen?
A	„In Verbundenheit über das Grab hinaus."
B	„Ein letzter Gruß von ..."
C	„Jeder von uns muss einmal gehen."
D	„In Liebe und Treue."

20	Wie liegt der aufgebahrte Verstorbene im geöffneten Sarg?
A	Der Sarg steht so, dass die Herzseite des Verstorbenen zur Eingangstür zeigt.
B	Die Füße des Verstorbenen zeigen zur Tür.
C	Der Kopf des Verstorbenen zeigt zur Tür.
D	Egal.

21	Ihre Plätze im Theater sind genau in der Mitte einer Reihe. Dummerweise sitzen andere Zuschauer schon. Wie gehen Sie zu Ihren Plätzen an den Sitzenden vorbei?
A	Mit dem Rücken zur Bühne.
B	Mit der Gesicht zur Bühne.
C	Seitlich. Das bedeutet, dass Ihre linke Seite zur Bühne zeigt, die andere zum Sitzenden oder umgekehrt.
D	Egal.

22	Ein (Ehe-) Paar begibt sich zur Garderobe des Theaters. Wie geht das Paar richtig vor?
A	Der Herr nimmt den Mantel der Dame, geht damit zum Garderobentresen, legt den Mantel ab und seinen eigenen dazu.
B	Der Herr zieht seinen eigenen Mantel aus, hilft dann seiner Begleitung aus dem Mantel, geht damit zum Garderobentresen und legt beide Mäntel dort ab.
C	Der Herr gewährt der Dame den Vortritt. Dort zieht die Dame ihren Mantel aus, der Herr zieht seinen aus. Beide legen ihre Mäntel auf den Garderobentresen.
D	Die Dame legt beide Mäntel auf den Garderobentresen, während der Herr aufpasst, dass seiner Begleitung nichts passiert.

18

C Richtig: Unter Kondolenz wird eine Beileidsbekundung verstanden.

19

A Richtig.

B Richtig.

D Richtig.

20

A Richtig:

21

A Richtig: Die ‚verletzbarere', also vordere Körperseite zeigt zum Sitzenden.

22

A Richtig: Diese Variante ist möglich. Speziell dann, wenn noch nicht so viele Theaterbesucher an der Garderobe stehen.

B Richtig: Das ist die bevorzugte Variante. Speziell dann, wenn bereits mehrere andere Theaterbesucher an der Garderobe stehen.

23	Wo arbeitet eine Garderobière?
A	An einer Garderobe, wo sie die Mäntel der Gäste entgegennimmt.
B	In guten Hotelrestaurants, wo sie im Restaurant die Garderobe der Gäste entgegennimmt.
C	In Hotels, wo sie auf Wunsch des Gastes kleine Nachbesserungen an der Kleidung des Gastes vornimmt.
D	Garderobière ist gar keine Person, sondern der Bereich, in dem die Garderobe aufgehängt wird.

24	Weshalb gibt es bei vielen Fluggesellschaften keine 13. Reihe und in Hotels keine benannte 13. Etage?
A	Weil früher Vieles im Dutzend gerechnet wurde. Eines mehr war nicht in Ordnung.
B	Aus steuerlichen Gründen.
C	Dem ist gar nicht so.
D	Aus Gründen des Aberglaubens.

25	Sie müssen in Anwesenheit anderer husten. Wie verhalten Sie sich?
A	Sie husten in Ihre linke Hand.
B	Sie husten in Ihre rechte Hand.
C	Egal.
D	Sie husten in die Beuge Ihres linken Ellbogens.

26	Zwei Personen gehen nebeneinander. Es regnet und einer der beiden hält einen aufgespannten Schirm über beide. Wer hält den Schirm wie?
A	Der rechts Gehende hält den Schirm mit seiner linken Hand über beide.
B	Der links Gehende hält den Schirm mit seiner rechten Hand über beide.
C	Der links Gehende hält den Schirm mit der linken Hand.
D	Egal.

27	Sie möchten jemandem telefonisch gratulieren. Wann ist die richtige Zeit dafür?
A	Egal, irgendwann im Laufe des Tages.
B	Vormittags.
C	Zwischen 12:00 Uhr und 15:00 Uhr.
D	Am besten abends nach 20:00 Uhr.

23

A Richtig: Das ist die Garderobenfrau bzw. der Garderobenmann.

24

D Richtig: In vielen Kulturen gilt die Zahl 13 als unglückbringende Zahl.

So lautet die Nummerierung beispielsweise so:

11 – 12 – 14 – 15 oder 11 – 12 – 12a – 14 - 15

25

A Richtig: Die rechte Hand ist die Grußhand und soll deswegen nicht zusätzlich mit Bakterien verunreinigt werden.

D Richtig: Das ist möglich und wird seit Corona-Zeiten empfohlen.

26

B Richtig: Üblicherweise geht an der rechten Seite die ranghöhere Person.

Deswegen hält die links gehende Person den Schirm über beide.

27

B Richtig: Im Laufe des Vormittags soll gratuliert werden.

Allerdings nicht so früh, dass der Gratulant aus dem Bett geworfen wird.

28	Was wird unter dem italienischen Begriff ‚la bella figura‘ verstanden?
A	Diese Bezeichnung gilt für junge Frauen mit sehr hübschen Körperformen.
B	Das ist die Bezeichnung dafür, wenn jemand einen guten Eindruck hinterlässt.
C	Endet der Rocksaum der Frau oberhalb des Knies, wird von Bella Figura gesprochen.
D	Dieser Begriff wird für korrupte Beamte eingesetzt.

29	Wer besorgt in guten Hotels kurzfristig noch Konzertkarten?		
A	Der Oberkellner.	C	Der Hoteldirektor.
B	Der Concierge.	D	Der Wagenmeister.

30	Wo findet der Gast im Hotel den ‚Wagenmeister‘?		
A	In der Hotelgarage.	C	Am Hoteleingang.
B	In der Küche.	D	Den gibt es im Hotel nicht.

31	Was darf nach einem Hotelaufenthalt unentgeltlich mitgenommen werden, ohne dass es als Diebstahl bezeichnet wird?		
A	Bademantel.	C	Bügel.
B	Handtuch.	D	Nicht fest in die Wand verankerte Bilder.

32	Wo wird auf der Berufskleidung das Namensschild getragen?		
A	Links oben.	C	Muss an Krawatte oder Schal befestigt sein.
B	Rechts oben.	D	Egal.

33	Was ist ein Emoji?
A	Das ist ein anderes Wort für ein Smiley.
B	Das sind Bildzeichen, die auf den aktuellen Smartphones mit versendet werden können.
C	Das ist ein anderes Wort für Emoticon.
D	Dieses Wort gibt es überhaupt nicht.

34	Wie viel Trinkgeld (Tipp) ist angebracht?		
A	5 bis 10 Prozent des Rechnungsbetrags.	C	Es wird immer auf die nächste ‚runde‘ Zahl aufgerundet.
B	Immer genau 1 €.	D	Gar keines.

28

B Richtig: Wer das nicht beherrscht, macht eine ‚brutta figura'.

29

B Richtig: Der Concierge ist meistens in der Nähe des Empfangs zu finden. Er gibt Auskunft über Sehenswürdigkeiten, reserviert Plätze in empfohlenen Restaurants und bucht Tickets.

30

Richtig: Er begrüßt und verabschiedet Gäste, nimmt deren Gepäck entgegen und parkt das Fahrzeug der Gäste.

C In der Regel trägt er eine ansprechende Uniform und Kopfbedeckung. Im Winter auch einen zur Uniform passenden Mantel, da sich der Wagenmeister vornehmlich vor dem Haupteingang auffällt.

31

D (Keine der genannten Artikel dürfen unentgeltlich mitgenommen werden. Das kann als Diebstahl geahndet werden.)

32

A Richtig: Das Namensschild ist an der Herzseite angebracht.

33

Richtig: Dem Japaner Shigetaka Kurita gelang in den 90er Jahren die geniale Erfindung der Emojis (‚e' gleich Bild, ‚moji' gleich Zeichen). Auf Basis der bekannten Smileys entwickelte er un-

B zählige Bildzeichen, die heute auf den aktuellen Smartphones und vergleichbaren Geräten mittels Unicode (digital festgelegter Code für sinntragende Schriftzeichen) nicht mehr wegzudenken sind.

34

Richtig: Etwa 5 – 10 % der Summe im Restaurant. Je kleiner der Betrag, desto höher der prozentuale Anteil. Eine Tasse Kaffee für Euro 3,50 – bezahlt Euro 4,-, entspricht bereits mehr als 10 Prozent, ist aber trotzdem richtig. 35 Cent wären hier sicherlich zu knausrig.

A Zimmermädchen 1 – 2 Euro pro Nacht. Friseur 2 – 10 Euro pro Besuch. Pedicure und vergleichbare Wellnessbehandlungen 3 – 10 Euro. Kofferträger 1 – 2 Euro pro Gepäckstück. Masseur 2 – 5 Euro pro Anwendung. Taxifahrer Stadtfahrten 1 – 3 Euro. Paketzusteller 1 – 3 Euro. Garderobière 1 bis 2 Euro. WC-Frau 50 Cent. Krankenpfleger je nach Länge des Aufenthalts als Patient 10 bis 50 Euro für die Gemeinschaftskasse.

Bereich Einladung

1	Zu welcher Uhrzeit wird Ihr Eintreffen erwartet, wenn auf der Einladung steht: um 19:00 Uhr?
A	Genau um 19:00 Uhr, gegebenenfalls 5 Minuten später.
B	Etwa um 19:00 Uhr. Das bedeutet: frühestens eine Viertelstunde früher, spätestens eine Viertelstunde später kommen.
C	Nicht vor 19:00 Uhr, spätestens aber um 19:30 Uhr.
D	Etwa um 19:00 Uhr. Das bedeutet: frühestens 5 Minuten früher, höchstens eine Viertelstunde später.

2	Zu welcher Uhrzeit wird Ihr Eintreffen erwartet, wenn Sie zu einer größeren Veranstaltung eingeladen sind und auf der Einladung steht: ab 19:00 Uhr?
A	Genau um 19:00 Uhr, gegebenenfalls 5 Minuten später.
B	Etwa um 19:00 Uhr. Das bedeutet: frühestens eine Viertelstunde früher, spätestens eine Viertelstunde später.
C	Etwa um 19:00 Uhr. Das bedeutet: frühestens 5 Minuten früher, spätestens 5 Minuten später.
D	Nicht vor 19:00 Uhr. Je nach Art der Veranstaltung ist ein Eintreffen auch eine oder anderthalb Stunden später möglich.

3	Zu welcher Uhrzeit wird Ihr Eintreffen erwartet, wenn Sie zu einer Verabschiedung einer Kollegin eingeladen sind. Auf der Einladung steht: zwischen 10:00 Uhr und 11:00 Uhr.
A	Irgendwann zwischen 10:00 Uhr und 11:00 Uhr.
B	Genau um 10:00 Uhr.
C	Irgendwann zwischen 10:00 Uhr und 10:15 Uhr.
D	Nicht vor 10:00 Uhr, spätestens um 10:15 Uhr.

4	Was bedeutet auf einer Einladungskarte ‚U.A.w.g.‘?
A	„Uns anrufen wegen Geschenken".
B	„Um Antwort wird gebeten".
C	„Um Anzug wird gebeten".
D	„Unser Abend wird gewaltig".

5	Wo wird der Ehrengast platziert?
A	Links neben dem Gastgeber.
B	Rechts neben dem Gastgeber.
C	Da, wo der Ehrengast die beste Sicht auf alle anderen Gäste hat.
D	Egal.

1

A Richtig: Nicht vor 19:00 Uhr, da in den letzten Minuten vom Gastgeber häufig noch Kleinigkeiten erledigt werden müssen.

Richtig ist es, genau um 19:00 Uhr zu läuten oder kurz danach.

D (Nicht vor der angegebenen Zeit eintreffen. Oft hat der Gastgeber noch einige letzte Vorbereitungen zur Einladung zu erledigen.)

2

D Richtig: Gerade bei größeren Veranstaltungen ist diese Formulierung möglich. Speziell auch dann, wenn es keinen genauen Beginn eines Programmes gibt.

Beispielsweise ist ein Speisenbuffet im Sommergarten aufgebaut und die Veranstaltung ist bis gegen Mitternacht geplant.

3

A Richtig: Bei dieser Veranstaltung wird nicht erwartet, dass der Gast eine volle Stunde bleibt. Er ist vielleicht 15 Minuten anwesend, nimmt ein Getränk zu sich und verlässt dann wieder die Veranstaltung.

4

B Richtig: Es wird erwartet, dass Sie die Einladung bzw. Ihr Kommen bestätigen – oder eine Absage erteilen.

5

B Richtig: Der Ehrenplatz ist immer rechts vom Gastgeber.

Bei einer größeren Tafel, zum Beispiel einer T-Form, sitzt links neben dem Gastgeber der Zweit-Ranghöchste.

6	Sie sind eingeladen. Sie haben einen Blumenstrauß dabei. Was machen Sie mit dem Blumenpapier?
A	Das Blumenpapier wird vor dem Klingeln abgenommen.
B	Schmuckfolie (Klarsicht) wird nicht abgenommen.
C	Das Blumenpapier wird zur Hälfte nach unten geöffnet.
D	Das Blumenpapier wird mit den Blumen überreicht.

7	Sie sind bei einem Ehepaar eingeladen. Wem überreichen Sie die mitgebrachten Blumen?
A	Der Gastgeberin.
B	Dem Gastgeber.
C	Demjenigen, der die Tür öffnet.
D	Der älteren Person der beiden.

8	Was bedeutet auf einer Einladung c. t.?
A	Das kommt aus dem lateinischen ‚cum tempore' und bedeutet so viel wie ‚mit Zeit'. Es wird erwartet, dass Sie eine Viertelstunde später als zur angegebenen Zeit erscheinen.
B	Der Gast soll sich ‚schick' und ‚trendig' kleiden.
C	Der Gast soll eine ‚Cravatte tragen'.
D	Das ist eine nichts sagende Angabe, die früher häufig auf Karten zu finden war. Sie wird einfach nur so dazugeschrieben.

9	Sie sind zum Geburtstag eines Freundes eingeladen. Ihr Freund hat aber erst am nächsten Tag Geburtstag. Was geschieht mit dem mitgebrachten Geschenk?
A	Das Geschenk wird erst nach Mitternacht geöffnet.
B	Das Geschenk wird direkt nach dem Eintreffen geöffnet.
C	Das Geschenk wird überhaupt nicht geöffnet.
D	Sie übergeben Ihr Geschenk erst nach Mitternacht.

10	Ein gleichgeschlechtliches Paar erwartet Gäste. Wer soll die Wohnungstür öffnen?		
A	Der Jüngere.	C	Der Hübschere.
B	Der Ältere.	D	Egal.

11	Ein Handkuss …
A	… wird vom Mann gegeben.
B	… gilt als etwas Besonderes und wird deshalb nur einer ausgesuchten Person gewidmet.
C	… wird in der Regel nur in geschlossenen Räumen praktiziert.
D	… Kann von der Dame eingefordert werden.

6

A Richtig: Da der Gastgeber davon ausgehen kann, dass die Blumen in Schutzpapier eingewickelt waren, überreichen Sie ihm nach Übergabe des Blumenstraußes das (zusammengeknüllte) Papier, damit er es entsorgen kann.

B Richtig.

7

A Richtig: Wenn Sie es möchten.

B Richtig: Die Blumen müssen nicht zwangsläufig der Gastgeberin überreicht werden. Heutzutage dürfen beide mit den Blumen beglückt werden.

C Richtig.

8

A Richtig: Die Gegenbezeichnung lautet s. t., ‚sine tempore‘, und bedeutet ‚ohne Zeit‘, also genau zur angegebenen Zeit erscheinen.

9

A Richtig.

D (Das ist möglich, wenn Sie sicher davon ausgehen können, dass die Geburtstagsfeier in den nächsten Tag hineinreicht.)

10

D Richtig.

11

A Richtig: Lange Zeit galt der Handkuss als veraltet. Mittlerweile ist er aber wieder erlaubt. Der Handkuss wird ‚gepflegt‘.

B Richtig.

C Richtig: Erlaubt ist der Handkuss auch auf dem Bahnhof/Flughafen usw., bei der Begrüßung beziehungsweise der Verabschiedung.

D (Es gilt als unfein, wenn die Dame dem Herrn die Hand in Erwartung eines Handkusses entgegenstreckt.)

12	Sie sind bei einem Ehepaar eingeladen und bringen der Gastgeberin rote Rosen mit. Welche Bedeutung hat das?
A	Sie drücken den Gastgebern Ihre besondere Verbundenheit aus.
B	Sie zeigen damit, dass Sie die Einladung besonders erfreut.
C	Sie drücken damit der (verheirateten) Gastgeberin aus, dass Sie in sie verliebt sind.
D	Sie signalisieren damit, dass Sie einen unvergessenen Abend haben werden.

13	Was verrät in der Blumensprache die Aster?
A	Du bist mir gleichgültig.
B	Von deiner Treue bin ich nicht ganz überzeugt.
C	Alles Schönste für dich.
D	Ich fühle mich verlassen.

14	Was verrät in der Blumensprache der Flieder?
A	In stillen Gedanken bei dir.
B	Ich bin aber schon vergeben.
C	Wirst du mir auch treu sein?
D	Unser schönstes Glück ist unsere Liebe.

15	Was verrät in der Blumensprache der Krokus?
A	Ich brauche noch Zeit, um mich zu entscheiden.
B	Sei auf der Hut vor Geschwätz.
C	Du bist allein.
D	Wenn du da bist, ist alles voller Freude.

16	Wann werden mitgebrachte Geschenke ausgepackt?
A	An der Wohnungstür.
B	Eine Weile nach Eintreffen des Gastes.
C	Nach dem Essen.
D	Sobald der Gast wieder weg ist.

17	Die Gäste haben einen schönen Abend mit den Gastgebern verbracht. Es ist Zeit zu gehen. Wie fragt der Gastgeber richtig, damit der Gast merkt, dass es Zeit ist, zu gehen?
A	„Darf ich Ihnen noch einen Cognac anbieten?"
B	„Möchten Sie noch einen Cognac oder lieber ein Glas Whisky?"
C	„Darf ich Ihnen noch etwas anbieten?"
D	„Lassen Sie uns ins Wohnzimmer setzen, um noch einen Digestif zu trinken."

12	
C	Richtig: Deswegen werden rote Rosen zu diesem Anlass nicht verschenkt. Sie würden den Ehemann vor den Kopf stoßen.

13			
A	(Alpenveilchen)	C	Richtig.
B	Richtig.	D	(Anemone)

14			
A	(Efeu)	C	Richtig.
B	(Dahlie)	D	Richtig.

15			
A	Richtig.	C	(Maiglöckchen)
B	(Männertreu)	D	Richtig.

16	
B	Richtig: In hiesiger Kultur ist es üblich, die Geschenke in Anwesenheit der Gäste auszupacken. Das muss nicht sofort nach Überreichen geschehen, besonders dann nicht, wenn viele Gäste zu begrüßen sind. Sollte es aufgrund einer hohen Gästezahl praktisch nicht möglich sein, die Geschenke im Beisein der Gäste auszupacken, heftet der Schenkende eine Karte oder Visitenkarte an sein Geschenk.
D	(In China darf ein Geschenk erst ausgepackt werden, sobald der Gast wieder gegangen ist. Gäste sollen untereinander ob der Größe oder des Wertes ihres Gastgeschenkes nicht bloßgestellt werden.)

17	
A	Richtig: Wird zu dieser Zeit eine Frage gestellt, die mit einem Ja oder Nein beantwortet werden kann, wird erwartet dass der Gast „Nein danke" sagt.
B	(Durch die alternative Frageweise darf der Gast ein Getränk wählen.)
C	Richtig: Die geschlossene Frage soll mit „Nein" beantwortet werden.

Bereich Hochzeit

1	Was ist eine ‚Hen Party'?
A	Das Gegenstück zu einem Junggesellenabschied. Es nehmen dort die zukünftige Braut und deren Freundinnen teil.
B	Das ist eine Party, auf der alle Gäste als Hühner verkleidet erscheinen.
C	Auf dieser Party gibt es überwiegend Eiergerichte.
D	Das ist eine Party für Jugendliche bis 16 Jahren.

2	Wer geht neben wem auf dem Weg zum/vom Altar?
A	Hin: Bräutigam rechts, Braut links. Rück: Bräutigam links, Braut rechts.
B	Hin: Bräutigam links, Braut rechts. Rück: Bräutigam rechts, Braut links.
C	Hin: Bräutigam links, Braut rechts. Rück: ebenso.
D	Hin: Bräutigam rechts, Braut links. Rück: ebenso.

3	Wie wird der 5. Hochzeitstag genannt?		
A	Holz-Hochzeit	C	Salz-Hochzeit
B	Baum-Hochzeit	D	Zucker-Hochzeit

4	Wie wird der 10. Hochzeitstag genannt?		
A	Geld-Hochzeit	C	Rosen-Hochzeit
B	Porzellan-Hochzeit	D	Zinn-Hochzeit

5	Wie wird der 60. Hochzeitstag genannt?		
A	Diamant-Hochzeit	C	Kupfer-Hochzeit
B	Rubin-Hochzeit	D	Smaragd-Hochzeit

6	Wer wirft auf der Hochzeitsfeier den Brautstrauß?		
A	Die Braut.	C	Die jüngste Brautjungfer.
B	Der Bräutigam.	D	Der Brautvater.

7	Welche Aufgaben hat eine Brautjungfer?
A	Sie hilft der Braut beim Ankleiden des Hochzeitkleides.
B	Sie schaut, dass alle Accessoires für die Braut bereitliegen.
C	Sie füttert die Braut nach dem Werfen des Brautstraußes.
D	Sie dekoriert die Hochzeitssuite.

1

A Richtig: Männer werden hier nicht eingeladen. Statt ‚Hen Party‘ gibt es auch den Begriff ‚Hen Night‘.

2

A Richtig: Sofern der Bräutigam mit der Braut gemeinsam zum Altar schreitet, geht ‚sie‘ hinzu an seiner Herzseite.

Nach der Trauung drehen sie sich vor dem Altar um und gehen so, dass die Braut an der rechten Seite des Bräutigams geht.

Bei konservativer Haltung begleitet der Braut-Vater die Braut zum Altar und ‚übergibt‘ sie dort dem Bräutigam.

3

A	Richtig.	**C**	(Ist der 8. Hochzeitstag)

4

B	(Ist der 20. Hochzeitstag)	**D**	Richtig: Speziell in den USA
C	Richtig.		

5

A	Richtig.	**C**	(Ist der 7. Hochzeitstag)
B	(Ist der 40. Hochzeitstag)		

6

A Richtig: Die Braut stellt sich mit dem Rücken zu ihren Gästen. Dann wirft sie über ihren Kopf hinweg den Brautstrauß. Wer den Brautstrauß fängt, wird als Nächste heiraten.

7

A	Richtig.		
B	Richtig.	**D**	Richtig.

8	Was gehört zu den Aufgaben des ‚Best Man'?
A	Er unterstützt den Bräutigam am Tag der Hochzeit.
B	Er ist der Haupt-Trauzeuge des Bräutigams.
C	Das ist der beste Mann, den die Braut finden konnte.
D	Das ist die Bezeichnung für den Bräutigam am Tag der Trauung.

9	Wer hält beim Hochzeitsessen üblicherweise die erste Rede?
A	Der Vater der Braut.
B	Der Vater des Bräutigams.
C	Die Mutter der Braut.
D	Die Mutter des Bräutigams.

10	Ordnen Sie diese vier der insgesamt fünf Stufen einer Hoch-zeitstorte den folgenden Lebensabschnitten zu. (Der erstge-nannte Begriff entspricht der untersten Etage der Hoch-zeitstorte, der zweitgenannte der zweiten usw.)
A Hochzeit	C Kommunion/Konfirmation
B Geburt	D Kindersegen

11	Welche dieser Dinge soll die Braut bei der Trauung tragen?
A Etwas Altes.	C Etwas Blaues.
B Etwas Geliehenes.	D Etwas Viereckiges.

12	Wer sitzt wo an der Hochzeitstafel?

A	Bräutigam-Mutter ganz links.
B	Bräutigam-Mutter zweiter Platz von rechts.
C	Braut-Vater zweiter Platz von links.
D	Braut-Vater ganz rechts.

13	Was symbolisiert der Ehering?
A	Es heißt: „Ab heute geht es rund!"
B	Der Ring steht für Einigkeit.
C	Die klassische Kreisform symbolisiert die Ewigkeit.
D	Der Ring symbolisiert die Zusammengehörigkeit, in einem ge-schlossenen Kreis stehend.

8

A Richtig: Er stellt das Pendant zur Trauzeugin der Braut dar.
Er gibt dem Bräutigam jegliche Hilfestellung und hält ihm sozusagen den ‚Rücken' frei.

B Richtig.

9

A Richtig: Der Vater des Bräutigams kommt an zweiter Stelle, danach die Paten.

10

B Richtig: B – C – A – D. Die fünfte Etage steht für den Tod.

11

A Richtig: Zum Beispiel die Schuhe, dann gibt es auch keine ärgerlich störende Blasen.

B Richtig: Häufig ein Schmuckstück der Mutter oder der Oma.

C Richtig: Zum Beispiel das Strumpfband. Es symbolisiert Treue in der Partnerschaft.

D (Es fehlt etwas Neues, was den neuen Lebensabschnitt der Braut darstellt.)

12

A Richtig: Daneben sitzt der Bräutigam-Vater.		**C** (Hier sitzt der Bräutigam-Vater.)	
B (Hier sitzt die Braut-Mutter.)		**D** Richtig: Daneben sitzt die Braut-Mutter.	

13

C Richtig: Es gibt keinen Anfang und kein Ende. Er symbolisiert ewige Verbundenheit.

Bereich Business

1	Zwei Kollegen (Frau und Mann) gehen durch das Gebäude ihres Arbeitsplatzes. Wie verhalten sie sich richtig bei einer gemeinsamen Fahrt mit einem Aufzug?
A	Die Frau betritt vor dem Mann die Aufzugkabine.
B	Der Mann verlässt zuerst die Aufzugkabine.
C	Die ranghöhere Person betritt zuerst die Aufzugkabine.
D	Egal.

2	Ihr Gesprächspartner, Herr Mertens, trägt den Professoren-titel und einen Doktortitel. Wie wird er angesprochen?
A	„Lieber Herr Professor Mertens."
B	„Lieber Herr Doktor Mertens."
C	„Lieber Herr Professor Doktor Mertens."
D	„Lieber Professor Mertens."

3	Zwei Geschäftspartner, jeder trägt eine Aktentasche in der Hand, gehen nebeneinander her. Wie halten sie ihre Ta-schen?
A	Beide tragen ihre Tasche an der linken Seite.
B	Beide tragen ihre Tasche an der rechten Seite.
C	Der auf der linken Seite Gehende trägt seine Tasche mit seiner linken Hand, der auf der rechten Seite Gehende in seiner Rech-ten.
D	Egal.

4	Sie überreichen Ihrem Gegenüber einen Schreibstift. Mit welcher Hand?		
A	Mit der linken Hand.	C	Mit beiden Händen gleichzei-tig.
B	Mit der rechten Hand.	D	Egal.

5	Sie überreichen Ihrem Gegenüber einen Schreibstift. Wie wird der Stift dabei gehalten?
A	Schreibspitze in Richtung Gegenüber.
B	Schreibspitze in eigene Richtung.
C	Schreibspitze nach oben haltend.
D	Schreibspitze nach unten halten.

1

A	Richtig.	**C**	Richtig: Unabhängig des Ge-schlechts geht die ranghö-here Person vor.
B	Richtig.		

2

A Richtig.

D Richtig: Sie können das Wort ‚Herr' in der Anrede weglassen.

3

C Richtig: Tragen beide ihre Ta-schen jeweils an der Außen-seite, stören sie einander nicht.

4

B Richtig: Die rechte Hand ist die Greifhand.

5

B Richtig: So kann Ihr Gegenüber leichter den Stift ergreifen.

6	In Zeugnissen soll es eine sogenannte Zeugnissprache geben. Hier sind vier Formulierungen. Ordnen Sie die Formulierung nach ihrer Wertung, beginnend mit der besten.
A	„Frau Mertens arbeitete stets zu unserer vollen Zufriedenheit."
B	„Frau Mertens hat unseren Erwartungen entsprochen."
C	„Frau Mertens arbeitete stets zu unserer vollsten Zufriedenheit."
D	„Frau Mertens versuchte alle Aufgaben zu erledigen."

7	In Zeugnissen soll es eine sogenannte Zeugnissprache geben. Hier sind vier Formulierungen. Ordnen Sie die Formulierung so, dass die Erstplatzierte die beste Bedeutung hat.
A	„Sie bemühte sich um ein gutes Verhältnis zu Vorgesetzten und Kollegen."
B	„Das Verhalten zu Vorgesetzten gab keinen Anlass zu Beanstandungen."
C	„Das Verhalten zu Vorgesetzten und Mitarbeitern war vorbildlich."
D	„Das Verhalten gegenüber Vorgesetzten und Mitarbeitern war stets vorbildlich."

8	In Zeugnissen soll es eine sogenannte Zeugnissprache geben. Mit welchen der folgenden Formulierung wird eine uneingeschränkte Zufriedenheit ausgedrückt?		
A	Stets	C	Außerordentlich
B	Vollst	D	Volle Zufriedenheit

9	Am morgigen Samstag hat ein Kollege Geburtstag. Da Sie ihn am Samstag nicht im Büro sehen, gratulieren Sie ihm heute schon. Ist das richtig?
A	Ja, lieber einen Tag vorher als einen Tag danach.
B	Nein, vorher zu gratulieren bringt (laut Aberglaube) Unglück.
C	Ja, je mehr Personen vorher gratulieren, desto glücklicher wird das nächste Lebensjahr.
D	Nein, einem Kollegen wird sowieso nicht gratuliert.

10	Welche Verhaltensmuster sind, zumindest im beruflichen Gespräch, unerwünscht?
A	Kaugummi kauen.
B	Telefongespräche mit dem Smartphone entgegennehmen.
C	Sonnenbrille aufbehalten.
D	Blickkontakt halten.

6

C	Richtig: C – A – D – B

7

D	Richtig: D – C – B – A

8

A	Richtig.	**C**	Richtig.
B	Richtig.	**D**	(Es müsste heißen: vollste Zufriedenheit, auch wenn es diese Steigerungsform nicht geben kann [voll ist voll].)

9

B	Richtig: Da Sie nicht wissen können, ob Ihr Kollege abergläubisch ist, vermeiden Sie das Gratulieren vorab. Holen Sie das am Montag nach.

10

A	Richtig.
B	Richtig: Das gilt als unhöflich, da das eben geführte Gespräch unterbrochen wird.
C	Richtig: Die Augenstellung des Gegenübers kann nicht mehr gut gesehen werden, was die Kommunikation beeinflusst.
D	(Doch, das ist sogar richtig.)

11	Wo befinden sich in einem Besprechungszimmer ‚strategisch wertvolle' Sitzplätze?
A	Seitlich, sodass der Eingang im Blick ist und gleichzeitig in Richtung Fenster geschaut werden kann.
B	Mit dem Rücken zur Tür.
C	Mit dem Rücken zum Fenster.
D	Egal.

12	Wann wird bei geschäftlichen Treffen die Visitenkarte überreicht?
A	Möglichst zu Beginn des Gesprächs.
B	Ganz am Ende des Gesprächs.
C	Dann, wenn einer der Anwesenden nach der Karte des anderen fragt.
D	Egal.

13	Welche Verhaltensmuster gelten beim Austausch von E-Mails als richtig?
A	Korrekte Anrede.
B	Korrekte Signatur.
C	Möglichst viele Abkürzungen.
D	Möglichst viele englische Begriffe.

14	Sie als Gastgeber treten mit Ihrem Geschäftspartner vor die Presse. Hinter welchem Pult steht Ihr Gast?
A	Ihr Gast steht hinter dem Pult rechts neben Ihnen.
B	Ihr Gast steht hinter dem Pult links neben Ihnen.
C	Egal.
D	Sie lassen den Gast aussuchen, hinter welchem Pult er stehen will.

15	Sie als Gastgeber treten mit Ihrem Geschäftspartner vor die Presse. Wo steht Ihr Gast, wenn Sie sich die Hand reichen?
A	Die ältere Person steht immer rechts vom anderen.
B	Ihr Gast steht links neben Ihnen.
C	Egal.
D	Ihr Gast steht rechts neben Ihnen.

16	Wie wird eine Kanzlerin richtig angesprochen?		
A	Frau Kanzler	C	Herr Kanzlerin
B	Frau Kanzlerin	D	Exzellenz Kanzlerin

11

B (Das ist, strategisch betrachtet, der ‚schlechteste' Sitzplatz. Es kann nicht gesehen werden, wer den Raum betritt oder verlässt. Oft wird auch in blendendes Außenlicht geschaut.)

C Richtig: Der dort Sitzende wird nicht von einfallendem Sonnenlicht geblendet. Außerdem wird die Mimik seines Gegenübers besser ausgeleuchtet. Er kann dessen Stimmung somit besser erkennen.

12

A Richtig: Möglichst zu Beginn des Gesprächs. Damit weiß jeder, wie sich der andere korrekt schreibt und welche Position er innehat.

13

A Richtig.　　　　　　　　　**B** Richtig.

14

A Richtig: Der Gast ist ranghöher und steht rechts von Ihnen.
Das gilt auch hinter dem Pult.

15

D Richtig: Der Gast ist ranghöher und steht rechts von Ihnen.

16

A Richtig: Ursprünglich lautet die richtige Anrede „Frau Kanzler". Die Position, die sie ausübt wird allerdings mit „Kanzlerin" benannt. (Frau X ist Kanzlerin in Deutschland).

B Richtig: Heute wird auch diese Anrede als richtig betrachtet und verwendet.

17	Wie ist die Rangfolge der 4 Personen (Ranghöchste zuerst)?
A	Ausländischer König
B	Ausländischer Staatschef
C	Bundeskanzler
D	Präsident des Deutschen Bundestags

18	Wie ist die Rangfolge der 4 Personen (Ranghöchste zuerst)?
A	Ausländische Botschafter in der Reihenfolge der Akkreditierung (Übergabe des Beglaubigungsschreibens).
B	Doyen des diplomatischen Corps (Rangältester und Wortführer des diplomatischen Corps).
C	Präsident des Europäischen Parlaments.
D	Bundeskanzler

19	Wie ist die korrekte Anrede für: Botschafter		
A	Eminenz	C	Kanzler
B	Exzellenz	D	Majestät

20	Wie ist die korrekte Anrede für: Chefs der regierenden königlichen und großherzoglichen Häuser?		
A	Königliche Hoheit	C	Kaiserliche Hoheit
B	Majestät	D	Durchlaucht

21	Wie ist die korrekte Anrede für: Kardinal		
A	Emir	C	Eminenz
B	Hochwürdigster Herr	D	Heiligkeit

22	Muss jemand in Ihrer Umgebung niesen, dann sagen Sie:		
A	„Gesundheit!"	C	„Gesundheit, Reichtum und Schönheit!"
B	„Auf Ihr Wohl!"	D	Gar nichts.

23	Für welche Geburten-Jahrgänge steht das Y (Generation Y)?
A	Ungefähr 1980/1985 – 1995/2000
B	Ungefähr 1995 – 2005
C	Immer die Jahrgänge, die vom heutigen Datum aus ca. zehn Jahre zurückliegen.
D	Immer die Jahrgänge, die noch nicht geboren sind.

17

A Richtig: A – B – C – D

18

A Richtig: D – C – B – A

19

A (Eminenz ist die korrekte Anrede für einen Kardinal.)

B Richtig.

20

A Richtig.

B (Majestät ist die korrekte Anrede für Kaiser, Könige und Herzöge.)

C (Kaiserliche Hoheit ist die korrekte Anrede für Mitglieder kaiserlicher, königlicher und herzoglicher Familien.)

D (Durchlaucht ist die korrekte Anrede für nachgeborene Prinzen und Prinzessinnen der regierenden herzoglichen und fürstlichen Häuser.)

21

B Richtig: Auch für einen Bischof oder Weihbischof

C Richtig.

D (Heiligkeit ist die korrekte Anrede für den Papst.)

22

A (Früher war es üblich, „Gesundheit" zu wünschen.)

D Richtig: Sie reagieren nicht. Gesundheit zu wünschen drückt unausgesprochen aus, dass jemand krank ist. Das ist unhöflich. Unabhängig davon kann der Niesende– leise – „Entschuldigung" sagen.

23

A Richtig: Danach folgt die Generation Z

24	Wenn Sie sich selbst vorstellen, gilt welche Variante als richtig?
A	„Mein Name ist Thomas Mertens."
B	„Ich heiße Thomas Mertens."
C	„Ich bin Thomas Mertens."
D	„Thomas Mertens."

25	Welche Form ist die richtige Anrede?
A	„Sehr geehrtes Ehepaar Mertens."
B	„Sehr geehrte Frau Mertens, sehr geehrter Herr Mertens."
C	„Sehr verehrte Frau Mertens, sehr geehrter Herr Mertens."
D	„Sehr geehrter Herr Mertens, sehr geehrte Frau Mertens."

26	Sie stellen das Ehepaar Mertens vor. Welche der folgenden Varianten ist richtig?
A	„Das ist das Ehepaar Mertens."
B	„Das sind Herr und Frau Mertens."
C	„Das sind Frau und Herr Mertens."
D	„Das sind Frau Mertens und Herr Mertens."

27	Sie begleiten einen Gast in ein Besprechungszimmer Ihres Unternehmens. Wie gehen Sie richtig vor?
A	Sie betreten den Raum und bitten den Gast hinein.
B	Sie öffnen die Tür, und lassen den Gast vor.
C	Ein weiblicher Gast geht vor, ein männlicher Gast nach Ihnen in das Besprechungszimmer.
D	Es gibt keine Regel.

28	Ein Universität-Absolvent tritt dem Alumni-Verein bei. Jetzt ist er ein …
A	… Alumni.
B	… Alumnus.
C	… Alumna.
D	… Alum.

29	Arbeitet ein Mitarbeiter im Homeoffice, dann …
A	… geht es den Chef nichts an, wie das Büro aussieht.
B	… kann er so viele Stunden arbeiten wie er will.
C	… hat der Chef immer einen Zugriff auf seinen Computer.
D	… kann er an jedem beliebigem Ort seiner Arbeit nachgehen.

24	
A	Richtig: Das ist eine eher distanzierte Vorstellung. Passt gut, wenn Sie Ihr Gegenüber sehr wahrscheinlich nie wieder sehen.
B	Richtig: Das ist eine übliche Variante. Sie zeigt mehr Persönlichkeit als die obige (A).
C	Richtig: Eine sehr moderne Variante. Sie zeigt deutlich mehr Persönlichkeit als die Varianten A und B.
D	Richtig: Auch diese Form ist korrekt. In allen vier Fällen allerdings jeweils einen Vornamen aussprechen.

25	
A	Richtig.
B	Richtig: Wird der Nachname zweimal ausgesprochen, wird die ranghöhere Person zuerst genannt.
C	(„Verehrt" gilt als veraltet.)

26	
A	Richtig.
B	Richtig: Wird der Nachname nur einmal ausgesprochen, folgt zuerst die männliche danach die weibliche Benennung.
D	Richtig: Die Nachnamen werden zweimal erwähnt, weshalb die ranghöhere Person zuerst genannt wird.

27	
B	Richtig: Öffnet die Tür nach innen, betreten Sie den Raum, halten die Tür auf und lassen dann den Gast eintreten.

28	
A	(Das ist die Mehrzahlform.)
B	Richtig: Bezeichnung für den Mann.
C	Richtig: Bezeichnung für die Frau.

29	
A	(Da der Chef eine Sorgfaltspflicht dem Mitarbeiter gegenüber hat, sollte er wissen, ob das Homeoffice den gesetzlichen Anforderungen entspricht.)

Bereich Outfit

1	Auf der Einladung steht ‚White Tie'. Welche Kleidung wird von Ihnen erwartet?
A	Frack
B	Großer Gesellschaftsanzug
C	Ein Anzug mit einem weißen Jackett.
D	Ein Anzug, zu dem eine weiße Krawatte getragen wird.

2	Auf der Einladung steht ‚Black Tie'. Welche Kleidung wird von Ihnen erwartet?
A	Smoking
B	Kleiner Gesellschaftsanzug
C	Ein Anzug mit einem schwarzen Jackett.
D	Ein Anzug, zu dem eine schwarze Krawatte getragen wird.

3	Woher kommt der Name ‚Stresemann'?
A	Vom deutschen Politiker Gustav Stresemann.
B	Im Wort Stresemann versteckt sich das altdeutsche Wort Streifen. Da die Hosen des Stresemanns längs gestreift sind, ergibt sich hier der Name.
C	Stresemann ist eine Verballhornung des Wortes Strebe-Mann. Ein Angestellter, der schick gekleidet war, wurde als Streber gesehen. Daher der Name.
D	Das Wort Stresemann ist eine Ableitung eines Kleidungsstückes eines Seemannes. Die Kleidung des Offiziers ähnelte der eines hohen Beamten.

4	Welche dieser Kleidungsstücke zählen zum ‚Business-Outfit'?		
A	T-Shirt	C	Langarmhemd
B	Polo	D	Krawatte

5	Welche dieser Kleidungsstücke zählen zum ‚Casual-Outfit'?		
A	T-Shirt	C	Strickpullover
B	Polo	D	Sneakers

6	Welche dieser Kleidungsstücke zählen zum ‚Freizeit-Look'?		
A	T-Shirt	C	Sandalen
B	Polo	D	Shorts

1	
A	Richtig: Hier wird eine weiße Schleife getragen. Daher der Name. Korrekt müsste es heißen Frack-Anzug.
B	Richtig: Großer Gesellschaftsanzug ist ein anderer Name für den Frack.

2	
A	Richtig: Hier wird eine schwarze Schleife getragen. Daher der Name.
B	Richtig: Kleiner Gesellschaftsanzug ist ein anderer Name für den Smoking.

3	
A	Richtig: Angeblich war Herrn Stresemann (Gustav Ernst Stresemann, deutscher Staatsmann, 1878 bis 1929) tagsüber die lange Jacke des Cuts zu unpraktisch. Er ließ sich eine kürzer geschnittene Jacke schneidern. So war der ‚Stresemann‘ entstanden.

4			
C	Richtig.	**D**	Richtig.

5			
A	(Nein, da ein T-Shirt keinen Kragen hat.)	**C**	Richtig.
B	Richtig.	**D**	Richtig.

6			
A	Richtig.	**C**	Richtig.
		D	Richtig.

7	Was ist beim Tragen einer Armbanduhr im Business-Outfit zu beachten?
A	Die Armbanduhr muss ein Lederarmband haben.
B	Die Armbanduhr muss ein Metallarmband haben.
C	Es muss sich auf jeden Fall um eine Marken-Armbanduhr handeln.
D	Die Armbanduhr wird statt am linken Handgelenk am rechten getragen.

8	Was ist ein Passantino?
A	Das ist ein Passant, der durch die Fußgängerpassage schlendert.
B	Der Begriff steht für einen Fluggast, der vor dem Check-in-Schalter steht.
C	Ein Passantino ist ein kleines Stückchen Schokolade oder ein kleiner Keks, der mit einer Tasse Kaffee serviert wird.
D	Das ist die rückseitige Schlaufe an der Krawatte, zum Einstecken des unteren, schmalen Endes der Krawatte.

9	Was ist ein Plastron?
A	Der Begriff steht für ein Getränkeglas aus Plastik, zum Beispiel für ein Picknick.
B	Das ist ein evangelischer Priester.
C	Das ist ein breiter Krawattenschal, der aus mehreren übereinandergelegten Seidenbahnen besteht.
D	Das ist eine andere Bezeichnung für ein breites Stoffband, das um den Bauch getragen wird.

10	Was ist beim Tragen eines Cummerbunds zu beachten?
A	Der Cummerbund ist ein breites Band, das den Übergang von Hosenbund und Hemd verdeckt.
B	Die Falten des Cummerbunds sind nach oben geöffnet.
C	Die Falten des Cummerbunds sind nach unten geöffnet.
D	Cummerbund ist ein anderer Name für Kummerbund.

11	Was sagt in der Farbpsychologie bei Kleidung die Farbe ‚Rot‘ in hiesiger Kultur aus?		
A	Durchsetzungskraft	C	Temperament
B	Vitalität	D	Frische

12	Was sagt in der Farbpsychologie bei Kleidung die Farbe ‚Grün‘ in hiesiger Kultur aus?		
A	Dynamik	C	Menschlichkeit
B	Entspanntheit	D	Seriosität

7	
A	Richtig.
B	(Eine Armbanduhr mit Metallarmband wird dem Casual-Outfit zugeordnet.)

8	
D	Richtig: Das schmalere, rückwärtige Teil der Krawatte wird durchgeschoben.

9	
C	Richtig: Genannt auch Ascot, Ascotkrawatte oder day cravat. Der Name kommt vom britischen Pferderennen Royal Ascot Race, bei dem die Herren dieses Plastron zum Cut trugen.

10	
A	Richtig: In der Regel beim Smoking getragen.
B	Richtig.
D	(Kummerbund wird fälschlicherweise verwendet. Cummerbund muss es richtig heißen. Das ist abgeleitet vom Wort Kamarband für die indische Schärpe.)

11			
A	Richtig.	**C**	Richtig.
B	Richtig.		

12			
A		**C**	Richtig.
B	Richtig.		

13	Was sagt in der Farbpsychologie bei Kleidung die Farbe ‚Blau' in hiesiger Kultur aus?		
A	Harmonie	**C**	Seriosität
B	Unendlichkeit	**D**	Bewegung

14	Ein Hosengürtel hat fünf Löcher. Hat der Gürtel die richtige Länge, dann wird welches Loch benutzt?
A	Das erste zur Spitze des Gürtels zu.
B	Das Loch, das am nächsten zur Schnalle zeigt.
C	Das mittlere Loch.
D	Egal. So wie es kommt.

15	Die Krawatte ist von der Länge her richtig gebunden, wenn die Krawattenspitze ...
A	... auf oder kurz oberhalb der Gürtelschnalle zu liegen kommt.
B	... auf keinen Fall die Gürtelschnalle berührt.
C	... die Gürtelschnalle komplett verdeckt.
D	... mindestens noch 1 cm Hemd sehen lässt, oberhalb des Bundes.

16	Eine Krawatte zeigt diagonale Querstreifen. Aus Sicht des Betrachters ...
A	... zeigen die Streifen von links unten nach rechts oben.
B	... zeigen die Streifen von links oben nach rechts unten.
C	... ist es egal, wie die Streifen verlaufen.
D	Es gibt keine Krawatten mit Querstreifen von links oben nach rechts unten.

17	Was ist ein Pochette?
A	Das ist die Hosentasche an der hinteren Seite einer Anzughose.
B	Das ist ein Einstecktuch, das in die kleine Tasche links oben im Jackett gesteckt wird.
C	Pochette ist ein Taschentuch, das in der Hosentasche getragen wird.
D	Das ist die kleine Tasche an der Innenseite links unten im Jackett.

18	Gutes Make-up ...
A	... unterstreicht die Persönlichkeit.
B	... muss jedem sofort ins Auge fallen.
C	... muss in höchstens 5 Minuten aufgetragen sein.
D	... muss das Gegenüber ‚blenden'.

13

| **A** Richtig. | **C** Richtig. |
| **B** Richtig. | |

14

C Richtig: ‚Ausgeleierte' Löcher neben dem benutzten Gürtelloch lässt Vermutungen über ungewollte Gewichtsveränderung zu.

15

A Richtig: Besonders groß gewachsene Menschen können die Krawatte etwas länger binden und wirken damit körperlich etwas kleiner.

Besonders klein gewachsene Menschen handeln umgekehrt. Sie lassen ihre Krawatte etwas kürzer und wirken somit auf die Distanz etwas größer.

16

A Richtig: Der Betrachter hat den Eindruck, einen aufwärtsführenden Börsengang zu sehen. Er sieht einen erfolgreichen Menschen vor sich.

17

B Richtig: Der obere Teil des Pochettes ist sichtbar und trägt zu einem etwas eleganteren Erscheinungsbild bei.

Rechts oben im Bild die sogenannte Pufffaltung, unten rechts die Bauschfaltung.

Das Einstecktuch soll so wirken, als wäre es ‚per Zufall' in diese Form geraten.

18

A Richtig.

19	Worauf achtet der dünne Mann bei der Wahl der Kleidung?		
A	Längsstreifen	**C**	Dezente Muster
B	Sakkos, die die Taille nicht zu stark betonen.	**D**	Stoffe mit horizontalen Mustern.

20	Worauf achtet der kräftige Mann bei der Wahl der Kleidung?		
A	Zurückhaltende Muster	**C**	Längsstreifen
B	Unifarbene Stoffe	**D**	Schulterpolster verwenden

21	Worauf achtet die dünne Frau bei der Wahl ihrer Kleidung?		
A	Zweireihige Blazer	**C**	Mustermix
B	Große Schmuckteile	**D**	Feinmaschige Pullover

22	Worauf achtet die kräftige Frau bei der Wahl ihrer Kleidung?		
A	Große Schmuckteile	**C**	Lässige Schnitte
B	Kurze Jacke	**D**	Senkrechte Linien

23	Welches Muster in der Kleidung lässt den Menschen schlanker wirken?
A	Diagonal gestreifte Oberbekleidung.
B	Quer gestreifte Oberbekleidung.
C	Längs gestreifte Oberbekleidung.
D	Unifarbene Oberbekleidung.

24	Der Herr trägt ein Langarmhemd und ein Jackett. Wann ist die Länge des Hemdärmels richtig?
A	Die Manschette des Hemdes darf nicht unter dem Jackett hervorschauen.
B	Die Manschette des Hemdes schaut etwa 1 cm unter dem Jackett hervor.
C	Die Manschette des Hemdes schaut etwa 3 cm unter dem Jackett hervor.
D	Egal.

25	Wozu hat die Anzugweste rechts eine kleine Außentasche?
A	Für die eigenen Visitenkarten.
B	Für erhaltene Visitenkarten.
C	Für die Taschenuhr.
D	Für Hustenbonbons.

19			
B	Richtig.	**D**	Richtig.

20			
A	Richtig.	**C**	Richtig.
B	Richtig.		

21			
A	Richtig.	**C**	Richtig.

22			
A	Richtig.	**C**	Richtig.
		D	Richtig.

23

C Richtig: Durch das längs gestreifte Oberteil scheint sich der Oberkörper etwas in die Länge zu strecken und damit wirkt der Mensch schmaler.

24

B Richtig: Bei richtiger Ärmellänge bedeckt die Manschette das Handgelenk und stößt an die Daumenwurzel.

25

C Richtig: Früher war es üblich, beim Tragen eine Weste eine Taschenuhr mitzuführen – keine Armbanduhr.

26	Sie tragen eine Weste unter dem Jackett. Welche Knöpfe werden wann geöffnet?
A	Alle Knöpfe, bis auf den unteren, bleiben im Stehen immer geschlossen.
B	Alle Knöpfe, bis auf den unteren, bleiben im Sitzen immer geschlossen.
C	Alle Knöpfe bleiben im Stehen immer geschlossen.
D	Alle Knöpfe werden im Sitzen immer geöffnet.

27	Sie tragen ein Herrenjackett mit drei Knöpfen. Welche Knöpfe werden wann geöffnet?
A	Der mittlere Knopf ist im Stehen immer geschlossen.
B	Der obere und der mittlere Knopf können im Stehen geschlossen sein.
C	Im Sitzen bleibt mindestens ein Knopf geschlossen.
D	Im Sitzen sind alle Knöpfe immer geöffnet.

28	Mouches (französisch für ‚Fliegen') waren im 17. und 18. Jahrhundert von Damen als kleine, schwarze Schönheitspflaster beliebt. Je nachdem, wo das Pflaster aufgetragen wurde, verriet die Dame etwas über ihre Eigenschaften. An welcher Stelle des Gesichts war das Mouche angebracht, wenn die Dame ausdrücken wollte, nichts gegen ein Liebesabenteuer zu haben?

A	Auf der Stirn.	C	Im Augenwinkel.
B	Im Mundwinkel.	D	Auf der Wange.

29	Bei der Businesskleidung der Dame sind welche Kleidungsstücke korrekt?

A	Ärmellose Kleidung	C	Verspielte Aufmachung
B	Hosenanzug	D	Minirock

30	Wenn es der Mann genau nimmt, trägt er lange Strümpfe unter seiner Anzughose. Weshalb?
A	Damit er weniger friert.
B	Damit das Hosenbein besser haftet und nicht so leicht nach oben rutscht.
C	Legt er im Sitzen ein Bein über das andere, wobei sich die Hosenbeine des Anzugs nach oben verschieben könnten, wird vermieden, das nackte Bein zu sehen.
D	Der Mann trägt zum Anzug niemals lange Strümpfe.

26	
A	Richtig.
B	Richtig: Die Knöpfe bleiben bei der Weste im Stehen wie im Sitzen geschlossen. Der untere Knopf bleibt (aus Gründen des Tragekomforts) immer offen.

27	
A	Richtig.
B	Richtig: Sehr schlanke Menschen können sogar alle drei Knöpfe schließen. Das gilt auch für Jacken mit 4 oder 5 Knöpfen – je nach Mode.
D	Richtig.

28	
A	(Das stand für die würdevolle Frau.)
B	(Diese Frau zeigt, dass sie gerne küsst.)
C	(Hier zeigt sich die leidenschaftliche Frau.)
D	Richtig.

29	
B	Richtig: Von Businessfrauen wird als Berufskleidung der farblich gedeckt gehaltene Anzug oder das Kostüm beziehungsweise der Hosenanzug erwartet. Auch möglich: Kostüm oder unauffälliges Kleid. Dieses in Verbindung mit Kostümjacke oder Blazer.

30	
C	Richtig: Legt er im Sitzen ein Bein über das andere, wobei sich die Hosenbeine des Anzugs nach oben verschieben könnten, wird vermieden, nacktes Bein zeigen.

31	Was geschieht bei Veranstaltungen mit der Anzugjacke des Mannes?
A	Der Mann legt die Anzugjacke direkt nach der Begrüßung ab.
B	Die Anzugjacke ist Teil der Bekleidung und wird nicht abgelegt.
C	Die Anzugjacke wird nach dem Hauptgang abgelegt.
D	Nach Mitternacht muss die Anzugjacke abgelegt werden.

32	Wer ist der Erfinder des Cocktailkleides?
A	Es gibt keinen Erfinder. Das Cocktailkleid ahmt das Kleidungs-stück früherer Indianerfrauen nach.
B	Ernest Hemingway
C	Yves Saint Laurent
D	Coco Chanel

33	Was ist ein ‚Four-in-Hand-Knoten‘?
A	Wenn beim Kochen eines aufwendigen Menüs vieles gleichzeitig getan werden muss, wären manchmal vier Hände von Vorteil. Deshalb wird hier von Four-in-Hand-Knoten gesprochen.
B	Das ist eine bestimmte Art, ein Einstecktuch für das Jackett zu falten.
C	Das ist eine bestimmte Art, Lederschnürschuhe zu binden.
D	Das ist ein bestimmter Krawattenknoten.

34	Was ist eine ‚Boutonnière‘?
A	Eine Blumenvase.
B	Wenn der Jackenknopf locker wird, wird von einer Boutonnière gesprochen.
C	Das ist die Blume, die der Herr in das Revers seiner Jacke steckt.
D	Eine Boutonnière ist die Angestellte im Hotel, die für die Reini-gung der Gäste-Kleidung zuständig ist.

35	Wie verläuft die Knopfleiste bei einem Hemd?
A	Die Knopfleiste des Hemdes verläuft leicht rechts vom Hosen-schlitz.
B	Die Knopfleiste des Hemdes verläuft leicht links vom Hosen-schlitz.
C	Egal.
D	Die Knopfleiste des Hemdes ist in genauer Geraden mit dem Ho-senschlitz verlängert.

31

Richtig: Die Anzugjacke ist Teil der Bekleidung und wird nicht abgelegt.

B Wenn der Gastgeber an Tagen mit hoher Außen-Temperatur den Gästen die Tür ohne Jacke öffnet, darf von oben genannter Regel abgewichen werden.

32

D Richtig: Erstmals veröffentlicht 1926. Gabrielle ‚Coco' Chanel, französische Modedesignerin, 1883 – 1971.

33

D Richtig: Das ist ein häufig verwendeter, leicht asymmetrischer Krawatten-Knoten.

34

Richtig: Links oben im Revers gibt es ein dafür vorgesehenes Loch.

C Etwas aus der Mode geraten – aber wer es ausgefallen oder elegant meint, kann mit der eingesteckten Blüte Aufmerksamkeit erregen und (hoffentlich) punkten.

35

D Richtig: Die Knopfleiste und der Hosen-schlitz bilden eine Linie.

Bereich Interkulturelles

1	In welchem Land finden sich Meerschweinchen auf der Speisekarte?		
A	Zypern	**C**	Peru
B	Kongo	**D**	Malaysia

2	In welchem Land wird Ihnen zur Begrüßung ein Getränk aus Stutenmilch angeboten?		
A	Ecuador	**C**	Italien
B	Mongolei	**D**	Thailand

3	Welche genannten Gebiete gelten als Dschungel (und nicht als Regenwald)?
A	Tasmanien (Australien vorgelagerte Insel mit dem Tasmanischen Teufel [Beutelteufel]).
B	Hochland Kongo (Wohngebiet der Berggorillas).
C	Amazonasgebiet in Brasilien (Anakonda).
D	Borneo (Heimat des Orang-Utan).

4	Wie heißt der Einwohner von Saudi-Arabien?		
A	Saudi-Araber	**C**	Saudier
B	Saudi	**D**	Sauder

5	Wie heißt der Einwohner von Taiwan?		
A	Taiwanese	**C**	Thaie
B	Thai	**D**	Taiwan-Chinese

6	Wie heißt der Einwohner von Haiti?		
A	Haite	**C**	Haitianer
B	Hawaiianer	**D**	Haitier

7	Wie heißt der Einwohner von Zypern?		
A	Zyprer	**C**	Zypernese
B	Zypriot	**D**	Zypresse

8	Wo lebt die Bevölkerung der Iban?		
A	Auf Borneo (Malaysia)	**C**	Im Kongobecken
B	Im Amazonas	**D**	Auf Grönland

1

C Richtig: In allen Variationen. Zur Vorspeise, zum Hauptgericht. Gegrillt und gekocht.

2

B Richtig: Sie werden mit Stutenmilch, (Airag bzw. Kumys) oder Stutenschnaps (Arkhi) begrüßt.

3

C (Hier wird von Regenwald gesprochen.)

D Richtig.

4

A Richtig.   **B** Richtig.

5

A Richtig.

6

C Richtig.   **D** Richtig.

7

A Richtig.   **B** Richtig.

8

A Richtig: Die Iban sind eine indigene Ethnie und waren früher als Kopfjäger bekannt.

Eine komplette Gemeinschaft aus mehreren Familien bestehend, lebt zusammen in einem sogenannten Langhaus auf Stelzen.

9	In welchen Nationalflaggen finden sich die Farben grün, gelb und rot?		
A	Bolivien	C	Mali
B	Litauen	D	Republik Kongo

10	In welchen Nationalflaggen finden sich die Farben blau, weiß und rot?		
A	Frankreich	C	Costa Rica
B	Niederlande	D	Russland

11	Zu welchem Land gehört diese National- flagge?		
A	Südkorea	C	Taiwan
B	China	D	Japan

12	Zu welchem Land gehört diese National- flagge?		
A	Deutschland	C	Italien
B	Belgien	D	Litauen

13	Zu welchem Land gehört diese National- flagge?		
A	Schweiz	C	Dänemark
B	Norwegen	D	Irland

14	Weshalb zeigt die Europaflagge genau zwölf Sterne auf blauem Hintergrund?
A	Steht für die Zahl der Mitgliedsstaaten bis 1995.
B	Steht als Symbol der Vollkommenheit und Einheit.
C	Steht für die zwölf Monate im Jahr.
D	Steht symbolisch für den Dezember, den Monat der Einführung der Europaflagge.

15	Was ist der Unterschied zwischen einer Flagge und einer Fahne?
A	Es gibt keinen Unterschied.
B	Eine Flagge ist immer größer als eine Fahne.
C	Eine Fahne ist direkt am Fahnenmast befestigt.
D	Eine Flagge wird an einer Leine gehisst und niedergeholt.

9				
A	Richtig:		**C**	Richtig:
B	Richtig:		**D**	Richtig:

10				
A	Richtig:		**C**	Richtig:
B	Richtig:		**D**	Richtig:

11				
A	(Südkorea)		**C**	(Taiwan)
B	(China)		**D**	Richtig.

12				
A	(Deutsch-land)		**C**	(Italien)
B	Richtig.		**D**	(Litauen)

13				
A	Richtig.		**C**	(Dänemark)
B	(Norwegen)		**D**	(Irland)

14	
B	Richtig: Die 12 hat also nichts mit der Zahl der Gründerländer zu tun.
D	(Wurde am 08.12.1955 eingeführt.)

15	
C	Richtig.
D	Richtig.

16	Zählt ein Chinese wie folgt mit den Fingern ab, meint er die Zahl …		
A … 2		**C**	… 8
B … 4		**D**	… 0

17	In unserer Kultur und in den USA steht diese Geste für o. k. Wofür steht diese Geste in anderen Ländern?	
A	In Italien bedeutet diese Geste eine anale Körperöffnung.	
B	In Tunesien beschimpfen Sie mit dieser Geste Ihr Gegenüber als ‚Null'.	
C	In Japan steht diese Geste für ‚Geld'.	
D	In Großbritannien steht diese Geste für ‚Peanuts'.	

18	Welches Gastgeschenk wird in China nicht verschenkt?		
A Uhr		**C**	Schirm
B Blumen		**D**	Alkohol

19	Welche Farben werden beim Geschenkpapier in China gerne gesehen?		
A Weiß		**C**	Gold
B Rot		**D**	Grün

20	Bei Einladungen in arabischen Ländern setzen Sie sich so, dass Ihre Schuhsohlen …
A	… auf jeden Fall gesehen werden.
B	… auf keinen Fall gesehen werden.
C	… immer gerade auf dem Boden stehen.
D	… bei einem quer übergelegten Bein sichtbar sind.

21	Welches Verhaltensmuster ist in arabischen Ländern gerne gesehen?
A	Männer tragen lange Hosen.
B	Frauen haben ihre Schultern mit Kleidung bedeckt.
C	Männer tragen eine Schirmmütze oder eine Kappe.
D	Es müssen immer Strümpfe getragen werden.

16

C Richtig: Daumen und Zeigefinger sind gespreizt, die anderen drei Finger auf die Handinnenfläche gelegt ergibt die Zahl 8.

17

A Richtig: Also eine sehr grobe Beleidigung.

B Richtig.

C Richtig.

18

A Richtig: Die Wanduhr klingt identisch mit dem Ausdruck „Bis in den Tod" (song zhong). Das Geschenk bringt demnach Unglück.

B Richtig: Bedeutet Kurzlebigkeit.

C Richtig: Scharfkantiges zu schenken droht die Freundschaft zu zerschneiden.

D (Wird gerne verschenkt, auch in größeren Mengen als in Deutschland.)

19

A (Nicht unbedingt, denn die weiße Farbe steht für Trauer.)

B Richtig: Die rote Farbe steht für Glück.

C Richtig: Die goldene Farbe steht für Reichtum.

20

A (Das gilt als sehr böse Beleidigung.)

B Richtig: Die Schuhsohlen zeigen gilt als beleidigend.

D (Das gilt als Beleidigung.)

21

A Richtig.

B Richtig.

D (In der Regel tragen Araber, zum Beispiel in den vereinigten Arabischen Emiraten, keine Strümpfe. Es darf barfuß und in offenen Sandalen gegangen werden, letzteres sogar zu offiziellen Anlässen.

Damen tragen auch High Heels.

Eine Moschee wird ohne Schuhe, also barfuß – oder mit Strümpfen [zum Beispiel wenn der Tourist es so bevorzugt] betreten.)

22	Welche dieser Tiere finden sich in freier Wildbahn in Austra-lien?		
A	Ara	C	Koalas
B	Känguru	D	Schnabeltier

23	In welchem Land wird Ihnen zur Begrüßung Schnupftabak in einer Flasche gereicht?		
A	Japan	C	Marokko
B	Chile	D	Mongolei

24	In welchem Land ist es verpönt, Trinkgeld zu geben?		
A	Japan	C	Bolivien
B	Nicaragua	D	Namibia

25	Wenn von Amerikanern gesprochen wird, wird korrekter-weise von der Bevölkerung welches Landes/welcher Region gesprochen?		
A	USA	C	Mexiko
B	Ganz Nordamerika	D	Nord-, Mittel- und Südamerika

26	Welche Bezeichnung meint fälschlicherweise alle Einwohner eines Landes?		
A	Holländer	C	Russe
B	Engländer	D	Türke

27	Auf welchem Sitzplatz im Taxi soll in den USA der alleinrei-sende Fahrgast auf keinen Fall Platz nehmen?
A	Vorne, neben dem Beifahrer.
B	Hinten rechts.
C	Hinten links.
D	Der Gast kann Platz nehmen wo er will.

28	Wofür steht in Süd-Afrika die Bezeichnung ‚Big Five'?
A	Das sind die fünf Länder des südafrikanischen- Kontinents: Namibia, Botswana, Simbabwe, Mosambik und Süd-Afrika.
B	‚Big-Five' sind die fünf größten Städte Süd-Afrikas: Johannesburg, Kapstadt, Durban, Germiston und Pretoria.
C	Das steht für fünf Tiere: Elefant, Nashorn, Löwe, Leopard und Büffel.
D	Das sind fünf der Sprachen, die in Süd-Afrika gesprochen werden: Afrikaans, Süd-Ndebele, isiZulu, Sesotho und Setswana.

22

A	(Dieser Papagei lebt überwiegend in Mittel- und Südamerika.)	**C**	Richtig.
B	Richtig.	**D**	Richtig.

23

D Richtig: An dem oft wertvollen Flakon wird gerochen. Die Flasche wird bewundert. Es muss nichts von dem Tabak genommen werden.

24

A Richtig: Wenn Sie, zum Beispiel im Restaurant, der Bedienung Trinkgeld geben wollen, beleidigen Sie sie.

25

A (Fälschlicherweise wird mit Amerikaner oft der US-Amerikaner gemeint.)

D Richtig: Der Amerikaner ist auf dem gesamten amerikanischen Kontinent zu finden.

26

A Richtig: Korrekt heißt es Niederländer.

B Richtig: Korrekt heißt es Brite.

27

A Richtig: Es kann sein, dass der Taxifahrer sich angegriffen fühlt, wenn Sie auf dem Beifahrersitz Platz nehmen wollen. Deshalb deponiert mancher Fahrer Unterlagen auf dem Beifahrersitz, um ihn als ‚besetzt anzuzeigen.

28

A (Die Länder Namibia, Botswana, Simbabwe, Mosambik grenzen direkt an das Land Süd-Afrika.)

B (Das sind die fünf größten Städte des Landes, haben aber nicht die Bezeichnung ‚Big-Five‘.)

C Richtig: ‚Die großen Fünf‘ stehen für die (früher) am schwierigsten zu jagenden Tiere Südafrikas. Der Elefant und das Nashorn, der Löwe und der Leopard und überraschenderweise der Büffel, der, in großen Herden auftretend, schon eine gewisse Bedrohung ausstrahlt.

D (Das sind zwar alles Sprachen Süd-Afrikas. Werden aber nicht als ‚Big-Five‘ bezeichnet.)

29	Wie lautet die korrekte Bezeichnung für den ‚Eskimo'?		
A	San San	**C**	Aborigines
B	Maouri	**D**	Inuit

30	Wie überreichen Sie in Japan eine Visitenkarte?
A	Mit beiden Händen und gebeugtem Oberkörper.
B	Mit der rechten Hand und gebeugtem Oberkörper.
C	Mit beiden Händen und ganz gerade stehend.
D	Mit der rechten Hand und ganz gerade stehend.

31	In welchem Land ist die Zahl 4 eine Unglückszahl?		
A	Deutschland	**C**	Afghanistan
B	Japan	**D**	Italien

32	Wofür dienen in Korea rote Hausschuhe?
A	Alle Hausschuhe in Korea sind rot.
B	Wer zeigen will, dass er systemtreu ist, benutzt rote Hausschuhe.
C	Die Männer ziehen blaue, die Frauen rote Hausschuhe an.
D	Wer auf die Toilette gehen will, schlüpft in diese roten Hausschuhe.

33	Welche Verhaltensmuster sind in Sri Lanka verpönt?
A	Vor einer Buddha-Statue posieren, um ein Foto von sich aufnehmen zu lassen.
B	Einen Hindutempel in Shorts betreten.
C	Scharfe Speisen zu verzehren.
D	Im Morgengrauen im Meer zu schwimmen.

34	In Ecuador bedeutet eine Einladung für 19:00 Uhr …?
A	… eine Viertelstunde früher zu erscheinen.
B	… etwa eine Viertelstunde später zu erscheinen.
C	… etwa anderthalb bis 2 Stunden später zu erscheinen.
D	… gar nicht zu kommen. Ist nur eine Floskel.

35	Wackelt ein Inder in einem Dialog mit seinem Kopf hin und her bedeutet das was?
A	Ablehnung zum Gehörten.
B	Zustimmung zum Gehörten.
C	Unsicherheit
D	Unentschlossenheit

29

A (Das ist die Bezeichnung für den Ureinwohner im Süden Afrikas, zum Beispiel in Namibia und in Botswana. Fälschlicherweise auch als Buschmann bezeichnet.)

B (Das ist die Urbevölkerung in Neuseeland.)

C (Das ist die Urbevölkerung in Australien.)

D Richtig: Das sind die Bewohner auf Grönland und im Norden Kanadas.

30

A Richtig: Eine Visitenkarte ebenfalls mit leichter Verbeugung – und mit beiden Händen – annehmen.

31

A (Die Deutschen sehen die 13 als Unglückszahl.)

B Richtig: In der Aussprache ähnelt das Wort für die Zahl 4 dem Wort Tod. Deshalb gilt die Zahl 4 in Japan als Unglückszahl.

C (In Afghanistan gilt die Zahl 39 als Unglückszahl.)

D (Hier ist die 17 die böse Zahl.)

32

D Richtig: Vor dem Toilettenraum stehen rote Hausschuhe bereit. Schlüpfen Sie in diese Schuhe, um die Toilette zu betreten. Aufpassen, dass Sie nicht mit den roten Schuhen später in die Wohnung zurückgehen.

33

A Richtig.

B Richtig.

C (Im Gegenteil: die Speisen in Sri Lanka sind teilweise sehr scharf.)

34

C Richtig: Treffen Sie früher ein, bringen Sie die Gastgeber in erhebliche Schwierigkeiten, da sie ihre Vorbereitungen noch lange nicht abgeschlossen haben.

35

B Richtig: Das Hin- und Herwackeln mit dem Kopf bedeutet Zustimmung.

Knigge als Synonym und als Namensgeber

Umgang mit Menschen

Suche weniger selbst zu glänzen, als andern Gelegenheit zu geben,
sich von vorteilhaften Seiten zu zeigen, wenn Du gelobt werden und gefallen willst
Adolph Freiherr Knigge, aus dem Buch „Über den Umgang mit Menschen", 1788
(1752 - 1796)

Adolph Freiherr Knigge

Schon zu seinen Lebzeiten war Adolph Freiherr Knigge (1752 – 1796) umstritten. Knigge setzte sich durch sein energisches Eintreten für die Ziele der Aufklärung, so wie er sie verstand, scharfen Angriffen aus. Er arbeitete als Romanschriftsteller und Satiriker, sowie als politischer Schriftsteller. Er gehörte den Freimaurern an. Heute ist Knigge vor allem durch sein Buch ‚Über den Umgang mit Menschen' (1788) bekannt. Und zwar deswegen, weil sein Werk als Etikette-Buch angesehen wird.

Knigge verdankt seinen heutigen Ruf und Erfolg aber einem Missverständnis. Denn: Das Werk Adolph Freiherr Knigges gilt als Etikette-Buch ersten Rangs. Allerdings beschreibt Knigge keine Regeln wie mit Besteck umzugehen ist, oder das Verhalten bei Tisch, stattdessen offenbart er eine praktische Lebensphilosophie im Umgang mit Mitmenschen.

Er gibt Anleitungen und Anregungen, wie mit seinen Mitmenschen richtig umzugehen ist. Knigge hoffte damit, dass die Menschen glücklich und froh miteinander leben könnten. Sein Buch erschien 1788 und war schon kurze Zeit in fast allen Haushalten zu finden. Über 200 Jahre lang prägte sich sein Buch im Bewusstsein der Leser als praktisches Handbuch über gutes Benehmen ein.

In drei Teilen seines Buches hat Knigge über den Umgang mit verschiedenen Menschengruppen geschrieben, zum Beispiel:

- Über den Umgang mit Leuten von verschiedenen Gemütsarten, Temperamenten und Stimmungen des Geistes und des Herzens (Erster Teil, 3. Kapitel)
- Über den Umgang mit Frauenzimmern (Zweiter Teil, 5. Kapitel)
- Über das Verhältnis zwischen Wohltätern und denen, welche Wohltaten empfangen; wie auch unter Lehrern und Schülern, Gläubigern und Schuldnern (Zweiter Teil, 10. Kapitel)
- Über den Umgang mit den Großen der Erde, mit Fürsten, Vornehmen und Reichen (Dritter Teil, 1. Kapitel)

Obwohl es heute klar ist, dass Knigge anderes verfolgte, als wir unter seinem Namen verstehen, soll ‚Knigge' als Synonym für den Bereich stehen, dem sich das vorliegende Buch widmet.

12 Ratgeber in der kleinen Knigge-Reihe

Der kleine ... -Knigge [2100] (Je € 9,70; 88 Seiten, 12x19 cm, kartoniert)

Anstands- und Banausen-...
Business- und Kunden-...
Büro- und Kollegen-...
Gäste- und Gastgeber-...
Gesellschafts- und Freunde-...
Outfit- und Stil-...

Interkulturelle- und Auslands-...
Bewerbungs- und Vorstellungs-...
Event- und Feste-...
Gastro- und Tischsitten-...
Speisen- und Exoten-...
Trinkkultur- und Getränke-...

12 x kleines Handbuch der Rhetorik 2100

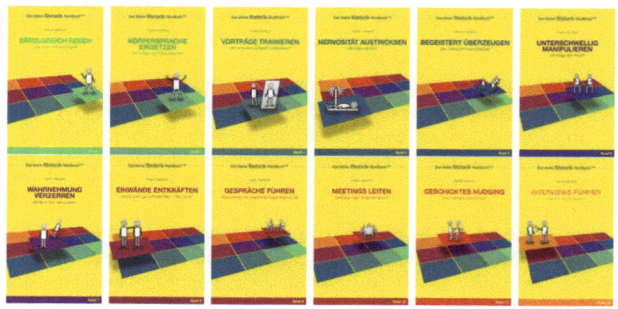

Der kleine Handbuch der Rhetorik [2100] (Je € 9,70; 100 Seiten, 12x19 cm)

Erfolgreich reden
Körpersprache einsetzen
Gezielt trainieren
Nervosität austricksen
Begeistert überzeugen
Unterschwellig manipulieren

Wahrnehmung verzerren
Einwände entkräften
Gespräche führen
Meetings leiten
Geschicktes Nudging
Interviews führen

4 Ratgeber in der Ego-Management-Reihe

Jeder Ratgeber € 14,90, 104 Seiten, A5
Persönlichkeits-Management – Ego-Knigge [2100] Soft Skills, Selbst-Reflexion und Selbst-Bewusstsein

Stress-Management – Ego-Knigge [2100] Lampenfieber, Stressoren, Gerüchte, Mobbing, Burnout, Stressvermeidung
Zeit-Management– Ego-Knigge [2100] Umgang mit der Zeit, Organisation von Arbeitsabläufen, Perfektionismus, Zielsetzung
Gedächtnis-Management – Ego-Knigge [2100] Gehirn, Intelligenz, Schwachsinn – Hochbegabung, Gedächtnis, Lerntechniken

4 Ratgeber in der Reihe Lebenseinstellung

Jeder Ratgeber € 12,95, 160 Seiten, A5
Aberglaube-Knigge [2100] Von schwarzen Katzen, der linken Hand des Teufels und den Glücksbringern

Lügen- und Egoismus-Knigge [2100] Überleben durch Flunkern, Schummeln und Täuschen! Macht, Respekt, Wertschätzung? Lebenslüge und Lebensschutz
Glücks-Knigge [2100] Vom Glücklichsein, positiven Denken und von Freundschaften
Angst- und Optimismus-Knigge [2100] Die Furcht beherrschen, Ängste nutzen und positiv durchs Leben gehen

3 Ratgeber Bräutigam, Braut und Brautpaar

Bräutigam-Knigge [2100] Verlobung und Polterabend, Schwiegereltern und das Ja-Wort, Hochzeits-Outfit und Hochzeits-Kutsche
Braut-Knigge [2100] Brautkleid und Accessoires, Das große Hochzeitsfest, Höhepunkte und Hochzeitstanz
Brautpaar-Knigge [2100] Historisches und Sonderbares, Planung und Organisation, Aberglaube und Hochzeitsbräuche
Jeder Ratgeber € 15,90, 104 Seiten, A5, kartoniert

2 Ratgeber Selbst-Coaching

Jeder Ratgeber € 12,95, 120 Seiten, A5
Selbstbewusstsein Knigge [2100]
Ich bin, ich kann, ich will. Das eigene Leben bestimmen, Soft Skills, The Winner 1
Selbstwertgefühl Knigge [2100]
Steh auf! – Werde aktiv! – Zeige Profil! Das eigene Leben beeinflussen, Motivation, The Winner 2

Leben und Lifestyle

Das kleine Knigge-Quiz ²¹⁰⁰ € 9,70; 96 Seiten, 12x19 cm, kartoniert

Jugend-Knigge ²¹⁰⁰ Knigge für junge Leute und Berufseinsteiger, € 15,90; 152 Seiten

Zukunfts-Knigge ²¹⁰⁰ Verfall der Sitten und Verlust der Wertschätzung? Umgangsformen in 100 Jahren. Zusammenleben mit Menschen, Maschinen und menschenähnlichen Robotern, € 14,95; 172 Seiten A5, kartoniert

Wertschätzung-Knigge ²¹⁰⁰ Gleichberechtigung, Gender und Respekt, Sexuelle Orientierung, Umgang bei Diskriminierung und Mobbing, € 14,95; 152 Seiten A5

Hochzeits-Knigge ²¹⁰⁰ Hochzeitsbräuche, Geschenke, Brautjungfer, Trauung, Festgäste und Festmahl, € 29,95; 310 Seiten A5

Ü65- und Senioren-Knigge ²¹⁰⁰ Die junge Alten und die alten Jungen, Kommunikation und Verständnis zwischen den Generationen, Einsamkeit und technischer Fortschritt, € 19,95; 180 Seiten A5

Blumen-Knigge ²¹⁰⁰ Historisches, Mystisches, Festliches, Blumen-Sprache, Umgang mit Blumen-Präsenten, € 19,95; 144 Seiten A5

Bekleidung! Ausdruck der Persönlichkeit – Lukas' Outfit-Knigge ²¹⁰⁰, € 19,95; 196 Seiten A5

Nudel-Knigge ²¹⁰⁰ Himmlische Teigwaren, € 17,95; 140 Seiten A5

Der Interkulturelle Kompetenz-Knigge ²¹⁰⁰ Kultur, Kompetenz, Eindrücke – Gesten, Rituale, Zeitempfinden - Berichte, Tipps, Erlebnisse, € 29,95; 240 Seiten A5

China-Deutschland-Knigge ²¹⁰⁰ Chinesen in Deutschland, € 12,90; 104 Seiten A5

Dschungel-Knigge ²¹⁰⁰ Umgang in ungewohnter Umgebung, € 23,95; 192 Seiten A5

Der Dicke-Knigge ²¹⁰⁰ Aus dem prallen Leben des Dicken, € 15,90; 104 Seiten A5

Typisch Frau – Typisch Mann Knigge ²¹⁰⁰ Unterschiede, Gemeinsamkeiten, Flirt – Umgang mit dem anderen Geschlecht, € 12,95; 128 Seiten

Kulinarischer und Gastronomischer Knigge ²¹⁰⁰ Von Events, Feiern, Aperitif über Esskultur, Speisen und Getränken zu zeitgemäßen Tischsitten, € 26,50; 284 Seiten A5

Klo- und Pinkel-Knigge ²¹⁰⁰ Vom privaten und öffentlichen Bedürfnis - Umgangsformen im Tabu-Bereich, € 13,50; 104 Seiten A5

Omi hüpf' mal Märchen meiner Großmutter, Erlebnisse ihre Jugend und wahre Geschichten meines Vaters von und über Omi Rickchen, Hardcover, € 29,95; 312 Seiten

Der Hunde-Knigge ²¹⁰⁰ Umgang mit dem Hund – Hundesprache – Der Hund in der Gesellschaft, € 17,95; 180 Seiten A5

Welcome to Germany-Knigge ²¹⁰⁰ Umgangsformen, Verhaltensmuster und gesellschaftliches Miteinander im deutschsprachigen Europa, € 11,99; 108 Seiten A5

Besuch willkommen Knigge ²¹⁰⁰ Einladung, Gast, Geschenk, Empfang, Feier, Gastfreundschaft, € 14,95; 200 Seiten A5

Mensch, Macht, Mörder ²¹⁰⁰ Verfall der Umgangsformen?, € 14,90; 260 Seiten A5

Leben, Tod und Ansichten Austausch mit Berühmtheiten über Wichtiges und Unwichtiges im Leben, € 12,95; 116 Seiten A5

Leben, Tod und Überlegungen Austausch mit Berühmtheiten über Größe, Ewigkeit und Spaß im Leben, € 12,95; 116 Seiten A5

Tod, Trauer, Totenkult-Knigge ²¹⁰⁰ Sterben, Trost, Takt, Bestatten, Tradition, Vorsorge, Tabus, Vergänglichkeit und Sonderbares, € 17,95; 212 Seiten A5

Leben und Lifestyle

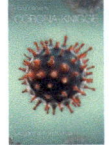

Corona-Knigge 2100 Umgang mit dem Virus, € 9,70; 88 Seiten 12x19, kartoniert

Rhetorik, Soft Skills, Hochschule, Beruf

Rhetorik ist Silber Von den ersten Schritten zu einer perfekten Präsentation, € 17,90; 144 Seiten A5, kartoniert, Zeichnungen
Moderation ist Gold Gesprächsführung, Umfragen, Talkrunden und Manipulation, € 17,90; 144 Seiten A5, kartoniert, Zeichnungen
Lebhafte Körpersprache in Vorträgen, Präsentationen, Gesprächen, € 17,90; 144 Seiten A5, kartoniert, ca. 290 Zeichnungen
Rhetoric – Mastering the Art of Persuasion, € 22,90; 144 Seiten A5, kartoniert
Discussion – Mastering the Skills of Moderation, € 22,90; 144 Seiten A5, kartoniert, Zeichnungen
Body Language in Europe, € 22,90; 144 Seiten A5, kartoniert, ca. 290 Zeichnungen
Körpersprache – Lüge, Verrat, Macht, Im Beruf, vor Gericht, beim Flirt – Gewinnerpose und Demutshaltung – Drohung und Zuneigung; € 29,95; 364 Seiten A5, kartoniert, über 400 Zeichnungen
Das große Buch der Rhetorik [2100] Tacheles reden; Präsentieren; manipulieren und überzeugen, € 37,45; 332 Seiten A5, kartoniert, viele Darstellungen
Trickreiche Rhetorik [2100] Psychologische Gesprächsführung, manipulierende Darstellung, unaufdringliches Nudging, € 37,45; 300 Seiten A5, kartoniert, Zeichnungen
Soft Skills-Knigge [2100] Soziale, Persönlichkeit, Selbstmanagement, € 37,45; 324 Seiten A5, kartoniert, viele Darstellungen
Schlagfertigkeit-, Spontaneität-, Stegreif-Knigge [2100] Impulsiv handeln, verbale Angriffe kontern, Störungen entwaffnen, € 13,50; 104 Seiten A5
Pitch Skills und Überzeugungs-Knigge [2100] Elevator Pitch, Geldgeber beeindrucken, Feuer versprühen, € 13,50; 128 Seiten A5, kartoniert
Smalltalk-Knigge [2100] Vom kleinen Gespräch bis zum charmanten Flirt - Kontakt ausbauen, Sympathie zeigen, Begehrlichkeit wecken, € 13,50; 100 Seiten A5
Quassel-Knigge [2100] Quasseln, Quatschen, Quengeln oder Lebenswichtige Kommunikation – Gezielt eingesetzte Rhetorik – Aussagekräftiges Profil zeigen, € 13,50; 112 Seiten A5
Studenten- und Hochschul-Knigge [2100] Studentischer Umgang in und außerhalb der Uni, 132 Seiten A5, kartoniert, Fotos
Jugend-Karriere-Knigge [2100] Schule und Studium, Netzwerk und Klüngel, Erfolg und Risiken, € 19,95; 224 Seiten A5, kartoniert, Zeichnungen, Checklisten
Bewerbungs-Knigge [2100] **für Frauen – Tina bewirbt sich / Bewerbungs-Knigge** [2100] **für Männer – Tom bewirbt sich**, Vorbereitung, Wahl der Kleidung, Verhalten beim Bewerbungsgespräch, je € 19,70; 128 Seiten A5, kartoniert, Fotos, Checklisten
Kreativitäts-Knigge [2100], Visionärhaft denken, Scheuklappen sprengen, Mentales Risiko eingehen, € 14,95; 164 Seiten A5, kartoniert
Team und Typ-Knigge [2100] Ich und Wir, Typen und Charaktere, Team-Entwicklung, € 14,95; 128 Seiten A5, kartoniert, viele Darstellungen
Die flotte Generation Y im 21. Jahrhundert, selbstbewusst – lebensbetonend – flexibel. Wie mit der Generation Y zielorientiert und erfolgreich gearbeitet werden kann, € 12,95; 116 Seiten A5, kartoniert, Zeichnungen
Die flotte Generation Z im 21. Jahrhundert, entscheidungsfreudig – effizient – eigenverantwortlich. Wie mit der Generation Z zielorientiert und erfolgreich gearbeitet werden kann, € 12,95; 140 Seiten A5, kartoniert, Zeichnungen

Rhetorik, Soft Skills, Hochschule, Beruf

Englisch:

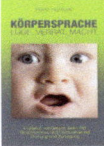

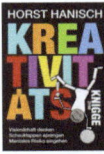

Beratung, Coaching, Seminar

Wer hat nicht gerne mit Menschen zu tun, die selbstbewusst und selbstsicher mit anderen Menschen umgehen?

Geschäftspartnern, die die elementaren Regeln des ‚Benimms' beherrschen, stehen die Türen zum Erfolg offen. Unternehmen, die neben ihrer fachlichen Leistung auch ‚menschlich' überzeugen wollen, bieten wir für ihre Mitarbeiterinnen und Mitarbeiter aktives Training im Umgang mit Kunden, Gästen, Kollegen und Gesprächspartnern an.

Auf unserer Website informieren wir Sie über unsere Angebote:

- Firmen-Internes-Training
→ Business-Etikette und das Lehrmenü
→ Präsentieren, Moderieren, Kommunizieren
→ Körpersprache und ihre Geheimnisse
- Offen ausgeschriebene Seminare
→ Teuflische Rhetorik
→ Flottes Reden vor und zu anderen
→ Der erste Eindruck

→ Ladies Power
- Individuelles Einzelcoaching
→ Authentisches Auftreten
→ Dress for success
→ Verhandlungstechniken
→ Persönlichkeit
- Interkulturelles Training
- Freundlichkeits-Checks in Unternehmen
- Workshops

→ Soft Skills
→ Team-Training
- Intensiv-Training für
→ TV-Auftritte
→ Vorträge
→ Präsentationen
→ Reden
- Fachliteratur und Arbeitsunterlagen
- Vorträge/Speaker
→ Vor kleinem und vor großem Publikum

Individuelles Coaching für Einzelpersonen: Und, wer es ganz individuell mag, greift zurück auf ein Einzel-Coaching. Hier werden ganz persönliche Herausforderungen angegangen, mit Themen wie:

- Interkulturelle Kompetenz
- Selbstsicheres Auftreten
- Präsentations-Techniken
- Erfolgreiche Verhandlungsführung
- Der Erste Eindruck
- Bewerbungstraining
- Rhetorik und Überzeugungskraft

und andere Themen – direkt auf die besonderen Bedürfnisse des Einzelnen zugeschnitten. Besuchen Sie uns auf www.knigge-seminare.de